WEALTH& DREAM 10

WEALTH & DREAM 10

有錢人才知道，財富就在家裡面

Acres of Diamonds

羅素・康維爾 (Russell Conwell)／著
黃怡雪／譯

WEALTH& DREAM 10 有錢人才知道，財富就在家裡面

原著書名 Acres of Diamonds
原書作者 羅素．康維爾（Russell Conwell）
譯　　者 黃怡雪
封面設計 林采瑤（美果視覺設計）
特約編輯 曾詠蓁
主　　編 高煜婷
總 編 輯 林許文二

出　　版 柿子文化事業有限公司
地　　址 11677臺北市羅斯福路五段158號2樓
業務專線 （02）89314903#15
讀者專線 （02）89314903#9
傳　　真 （02）29319207
郵撥帳號 19822651柿子文化事業有限公司
投稿信箱 editor@persimmonbooks.com.tw
服務信箱 service@persimmonbooks.com.tw

業務行政 鄭淑娟、林裕喜

初版一刷 2017年9月
　　二刷 2017年9月
定　　價 新臺幣290元
I S B N 978-986-94312-8-6

歡迎走進柿子文化網 http://www.persimmonbooks.com.tw

粉絲團搜尋 柿子出版

粉絲團搜尋 小柿子波柿萌的魔法書店

～柿子在秋天火紅 文化在書中成熟～

國家圖書館出版品預行編目(CIP)資料

有錢人才知道，財富就在家裡面：每個時代都有很多機會,但99%的人都看不見眼前的鑽石 / 羅素.康維爾(Russell Conwell)著. -- 一版. -- 臺北市：柿子文化, 2017.09
面；　公分. --（Wealth & Dream；10）
譯自：Acres of diamonds
ISBN 978-986-94312-8-6（平裝）

1.成功法 2.財富

177.2　　106009795

好評推薦

具名推薦

黑幼龍，卡內基訓練大中華地區負責人

佳評如潮

鑽石往往就在我們的身邊，但卻沒有太多人願意花時間正視我們心中的財富頻率。這關鍵的原因，是因為多數人不理解成功的法則。太多人在許多偉大的人物上尋找成功法則，卻太少人正視自己只是個平凡的小人物，而平凡，有時才是屬於我們自己該去琢磨、發光的財富。

在平凡的人事物當中，尋找蘊含其中的寶貴價值，是康維爾牧師畢生演講超越六千場次以上之演說的唯一精髓。

我自己在臺灣進行公益理財教育長達十年，也寫了超過二十本書。如此努力不懈，正因為我很認同康維爾牧師的鑽石哲學：一個人只要全力以赴去做一件自己熱切想做的事情，而且對世人饒富助益的話，就必然會獲得許多人的支持，不但終會達成目標，也必然會帶來財富成果。

這是我自己體會出來的人生哲學，也很欣喜百年前的康維爾牧師早已大加宣揚此道。衷心期盼更多想要追求成功的朋友，也能詳閱此本小書，琢磨、體會並信奉此一鑽石哲學！

——王志鈞，財經暢銷作家

這本書讓我在積極追求目標與做選擇時，提點我做決定的基準；在我慢下腳步，迷惘在挫敗無力感之中時，引導我重新開始的方式。有些書就是這麼適合放在身邊，不時的隨意翻閱、重複閱讀，就像有個軍師在身旁，我認為這就是其中一本。

——艾兒莎，「放棄22K，蹦跳新加坡」部落格版主

目錄

序言

羅素・康維爾演說的「有錢人才知道，財富就在家裡面」已傳遍了全美國，經過時間的淘洗和群眾的關注而變得更有價值，如今人們用白紙黑字重組了當中珍貴的內容而完成這本書，更該被好好推廣、握在群眾手中，使之更為豐富。

就如同寶石（指作者的理念）的璀璨，珠寶商專家（指作者）生平的故事也相當迷人，清楚說明了影響力的彰顯——一個人在一天之內所做的事，以及他一生對世界的價值。

身為他在費城長達三十年的鄰居與密友，我可以說羅素・康維爾那高大、強壯的身材在賓州是鶴立雞群的，他就像是這個州的第一位公民，以及這裡七百萬居民的「老大哥」。

打從他一開始進入職場，在公共工程會議（Court of Public Works）上就是個可信的見證人，他見證了新約《聖經》寓言（New Testament Parable）中強大語言的事實，新約《聖經》這樣說：「你們若有信心像一粒芥菜種籽，就是對一座山說『你從這邊挪到那邊去』，那座山也必挪去；並且你們再也沒有一件不能做的事了。」

身為一個學生、教師、律師、傳道者、組織者、思想家、作家、演講者、教育工作者、外交官及人們的領導者，他已經在所處的城市、國家及曾經活過的時代中享有盛名。人難免有一死，但他的好作品卻會繼續存活，永遠傳世。

羅素・康維爾的想法、理想、熱情已經激勵了成千上萬的生命——相信我，這是一本充滿大師級能量的書，正是每一位年輕人渴望讀到的。

——羅伯特・薛克頓（Robert Shackleton），一九一五年

前言

羅素・康維爾是世界知名的勵志、演說家，他曾這樣說過——

「每次到某個城鎮或城市進行演講，我都會盡量早點到，好去拜訪當地的郵政局長、理髮師、旅館管理者、學校校長、教堂的牧師，接著再進入一些工廠與店家中和人們聊天，詢問該城鎮或城市的情況、觀察當地人的歷史、他們曾擁有過什麼機會、有什麼沒能做到的事（每個城鎮都會有某些沒能做到的事），接著在進行演講時，我會運用之前所獲得的資訊，講述適用於該地區的主題。

但不論在何地，『鑽石遍地』這個理念都是一體適用的，其核心意義就是：在這個國家中，每個人都有機會運用自己的技能和精力，與自己的朋友一起，在現有的環境下，更有效、更卓越的展現自我。」

這場演說是在費城發表，那是他的故鄉。當他說到「就在費城這裡」的時候，他的意思是指每位讀者所在的城市、鄉鎮或村落，就像他如果是在當地發表演講，就會用當地的地名一樣，而不是單指費城。

（註：針對文中太過演講現場氛圍的語句或段落，為了文意順暢，編輯已進行修潤和刪減。）

1 藏在平凡裡的鑽石礦

不要輕忽你正擁有的一切

那座老農場裡挖下的每一鋤泥土中，
都能找到無數的寶石，
可以用來點綴許多國王的王冠……。

多年前，我和一群英國遊客到底格里斯河和幼發拉底河流域旅遊，在巴格達，我們找了一位年邁的阿拉伯裔導遊負責導覽。我現在回想，那個導遊在內心層面上還真像是大家的理髮師，會一邊幫你理髮一邊說故事，好打發無聊的時間。他似乎覺得自己的責任並不只是帶領客戶順河而下、做好導遊份內的事即可，沿途還要講述各種稀奇古怪、縱貫古今、既陌生又熟悉的故事。他說了許多故事，有的我已經忘了，不過其中有一個故事，讓我永遠也忘不了。

當時，那年邁的導遊正牽著我胯下駱駝的韁繩，沿著這兩條古老河流的岸邊走著，他說了一個又一個充滿寓意的故事，直到我對這些故事感到厭煩、不想再繼續聽。他因為我不想再聽故事而感到惱火，然後摘下了頭上的土耳其帽，用帽子繞圈揮舞，企圖再次吸引我的注意。

我用眼角餘光看到這一幕，但還是決定不要直接看著他，以免老人又會藉此說起故事。不過，我最後還是克制不住的看了他一眼，這似乎正中了他的下懷，年邁的導遊馬上又說起另一個故事。

「現在我要告訴你一個很有寓意的故事，這可是只跟特定的朋友才會說的！」年邁的導遊說。

既然他都強調我是「特定的朋友」了，於是我只好按捺住性子，再聽他滔滔不絕的說下去——一直到現在，我很高興當時耐心聆聽了這個故事，並真心覺得感激。

錯過腳下鑽石的老波斯人

從前，離印度河不遠處，住著一個年老的波斯人，名叫阿里・哈菲德。他擁有一座很大的農場，裡面有果園、莊稼田地、花園，他還借錢給人收利息，是個富有而滿足的人。他的滿足源自富有，而富有正因為他很滿足。

一天，一位年老的佛教僧侶來拜訪這位波斯老農夫，僧侶是來自東方的智者之一，在爐火邊坐下，跟老農夫說著人類居住的世界是怎麼形成的。

他說，這個世界起初只是一層霧氣，接著上帝把手指伸進了這層霧裡，開始慢慢轉動祂的手指，逐漸加快速度，最後把這層霧轉成了一團結實的火球。接著，火球開始滾動，一路燃燒著穿越其他宇宙霧氣，使水氣開始凝結，直到降下傾盆大雨，打在火球炙熱的表面上，並冷卻了外殼。接著，內部的火焰往外延燒、衝破冷卻的硬殼，形成高山、丘陵、山谷、平原及大草原——人類賴以生存的美好世界。當內部的熔岩湧出地殼、並迅速冷卻，就會形成花崗岩；冷卻得比較慢的就會變成銅，再慢一點的就成了白銀，再來則成了黃金，而在黃金之後，就會形成鑽石。

這位老僧侶還說：「鑽石就是一滴凝結的陽光。」這句話就現代科學解釋確實沒錯，一般認為鑽石是來自太陽的碳沉澱。這位老僧侶告訴阿里・哈菲德：「如果你擁有一顆跟拇指一樣大的鑽石，就可以買下整個郡；如果你擁有一座鑽石礦脈，就可以利用這筆龐大財富的影響力，讓自己的孩子坐上王位。」

阿里・哈菲德聽聞了鑽石，並知道它們有多值錢之後，當天晚上就寢時就變成了一個窮人。他其實沒有失去任何東西，但他覺得自己很窮、開始感到不滿足。他想要一座鑽石礦脈，結果一整晚都沒睡，隔天一大早，就跑去找那位僧侶。

想當然爾，一大早就被吵醒，僧侶是會很生氣的，但阿里・哈菲德不管，他急切的問道：「你能不能告訴我要去哪裡才能找到鑽石？」

「鑽石！你想要鑽石做什麼？」

「因為我想要變得非常有錢。」

「這樣啊，那你就去找吧，這是你唯一該做的。」

「可是我不知道該去哪裡找。」

「這個簡單，只要你能在高山之間，找到一條流過白沙的河，就能在白沙裡找到鑽石。」

「我才不相信真有這樣的河。」

「當然有，而且還多得很。你只要出去找，一定能找到鑽石。」

「好，我去！」

於是阿里・哈菲德賣了農場，把錢都收了回來，把家人交給鄰居照料，之後就動身去尋找鑽石。他先從非洲的月亮山區開始找起，之後繞道進入巴勒斯坦，接著流浪到歐洲，最後他花光了身上的錢，變得身無分文、衣衫襤褸、痛苦不堪。他站在西班牙巴賽隆納的海灣岸邊，看著巨大的浪潮在海格力斯之柱間來回洶湧，這個窮困潦倒、痛苦不堪的可憐人實在無法抵擋死亡的巨大誘惑，就此縱身跳入不斷逼近的浪潮中，沉入泡沫四濺的浪峰，從此再也沒有浮起來過。

年邁的導遊說完這個悲傷的故事後，拉住我騎的那頭駱駝，轉身去收拾另一頭駱駝背上的行李，於是我有機會在他離開時好好回想這個故事。還記得我當時自問：「為什麼他只跟『特定的朋友』說這個故事？」

這個故事似乎沒有開頭、中間、也沒有結尾，什麼都沒有。我這輩子聽了許多故事，還是第一次聽到這樣沒頭沒尾的故事，才剛聽完第一章，主角就已經死了。

導遊走回來，再度牽起我跨下駱駝的韁繩，繼續把故事說了下去，立馬進入了故事的第二章，就好像剛剛沒有中場休息一樣……。

有一天，買下阿里・哈菲德農場的人，牽著他的駱駝走進花園喝水，當駱駝把鼻子伸進園中小溪的淺水中時，這個主人注意到溪裡的白沙中透出一道奇異的光。

他從溪裡撈出了一塊黑色的石頭，石頭上面有一個光點、反射出彩虹般的光芒。他把這塊石頭拿進屋子裡，把它放在壁爐架上，蓋住石頭中心的光芒，就把這事給忘了。

幾天後，曾來拜訪阿里・哈菲德的那位老僧侶又來拜訪這個新主人。他一打開客廳的門，就看到壁爐架上的石頭散發出光芒，他立刻衝上前去大叫說：「這裡有鑽石！阿里・哈菲德回來了嗎？」

「沒有，阿里・哈菲德還沒有回來，而且那也不是鑽石，不過只是一顆石頭而已，是我在自己的花園裡發現的。」

「但是，」那位僧侶說：「我告訴你，我只要一眼就能判斷它是不是鑽石。我很肯定這就是一顆鑽石！」

於是他們一起衝到老舊的花園裡，用手指撈起溪底的白沙。沒錯！就在那裡，他們發現了許多比第一顆石頭還要漂亮、也更值錢的鑽石。朋友們，這在歷史上可是真實發生的，這就是人們發現印度戈爾康達（Golconda）鑽石礦脈的經過，那是人類歷史上所發現的最大鑽石礦脈，價值遠遠超過南非的金百利（Kimberley）。英國國王皇冠上的庫伊努爾大鑽石（Kohinoor），以及鑲在俄國國王王冠上的奧爾洛夫（Orloff）——世界上最大的鑽石，都是在那座鑽石礦脈中採到的。

年邁的導遊跟我說完故事的第二章後，再度取下了頭上的土耳其帽繞圈揮舞，好提醒我注意到故事中蘊含的教訓。他一邊揮舞著帽子一邊對我說：「要是阿里・哈菲德能留在家鄉，好好挖掘自己的田地或花園，他就不會在異鄉流浪、挨餓窮困，以致投入大海而死，因為他原本就擁有『遍地的鑽石』。沒錯，後來證實那座老農場裡的每一寸土地、挖下的每一鋤泥土中，都能找到無數的寶石，可以用來點綴許多國王的王冠。」

當他說完這個故事中的寓意，我就明白為何他要把這個故事保留起來、只跟「特定的朋友」說了，但當時我沒有告訴他這個領悟。

這就是老阿拉伯人的處事方式，就像律師總是會迂迴表達他不方便直接明說的事。在他看來，我——這個來底格里斯河遊覽的異國年輕人，還是待在美國的老家發展會比較好。

我沒有告訴那位年邁的導遊：「我懂你意思了。」而是跟他說：「你的故事讓我想起了另一個故事。」接著我把那故事很快的說給他聽，現在，我也要講給大家聽：

西元一八四七年，加州有個農場主人，他聽說在南加州發現了金礦，為了去尋找黃金，他把農場賣給薩特上校（Colonel Sutter），之後就離開了，再也沒有回來過。接手的薩特上校在流經農場的小溪上蓋了一座磨坊。有一天，他的小女兒從水溝裡挖起一些濕沙子帶回家，並在壁爐前小心的把沙子烘乾，當沙子從她手指間落下時，一位客人發現當中竟有些沙子閃耀著光芒，這就是在加州最早發現的頂級黃金。

農場的前主人一心想尋找黃金，但其實只需要在自家農場裡隨手一抓，就能擁有大把的黃金。從那時起，農場小小的幾畝地裡就挖出了價值三千八百萬美元的黃金。

八年前我在演講中說到這故事時，演講地點就在離這座農場不遠的一座城市。當地人告訴我說，擁有農場三分之一股份的主人，這幾年來不論是在睡覺還是醒著，平均每十五分鐘就能獲得價值一百二十美元的黃金。

讓數十億美元「黑金」從手中溜走的傻農夫

在我口袋裡還有另一個絕佳例子，就發生在我所居住的賓州——

賓州有個世居當地的農夫，就跟你曾見過的普通賓州人沒什麼兩樣，他擁有一座農場。如果我在賓州也有一座農場，我的選擇應該也會像他一樣：把農場賣了，到別處去找機會。但在把農場賣掉之前，他決定要先找到一份工作——幫他表哥收售煤油。他表哥在加拿大經營這門生意，那是北美大陸上最先發現石油的地方，當地人很早就從流動的溪水裡採出石油。

這個賓州農夫寫信到加拿大，要求表哥給他一份工作。由此可見，這個農夫絕對不是傻子，在他還沒找到別的工作之前，是不會任意離開他的農場的——**世界上最傻的傻瓜就是還沒找到下一份工作時，就辭掉現在的工作**，但想要離婚的人可就不能套用這句話囉！沒想到他的表哥回信說：「我沒辦法雇用你，因為你對石油這行一竅不通。」

於是農夫想：「好，我會弄懂的。」於是，他下定決心去研究所有與石油相關的知識。他從第二天就開始認真研究，直到對石油的型態、聞起來的味道、嚐起來的感覺、如何精煉都有了充分的了解。接著他寫信給表哥說：「現在我已經完全弄懂石油是怎麼一回事了！」

他表哥回信說：「好啊，那你就過來吧！」

於是他賣了農場，根據該郡的檔案記載，總共賣了八百三十三美元。

前主人才剛離開農場，新主人就開始處理牛的飲水問題。他發現前主人早在幾年前就把這事給處理好了——前主人放了一塊木板橫過位於穀倉後面的小溪，側著深入水的表面、一邊只比水面低幾英寸。

之所以要用這種角度架設木板，是為了將看起來很可怕的浮渣排擠到對岸，只要把浮渣都排到一邊去，牛的鼻子就不會碰到那些髒東西，並能在底下喝水。

猜猜看，溪裡面看起來骯髒的浮渣是什麼呢？是煤油！去加拿大掏黑金的前主人，早已花了整整二十三年的時間，在自家附近的溪中築提，擋住了一堆煤油，他對此卻一無所悉。賓州的州立地質學家在十年後向大眾宣稱，當地所發現的煤油價值超過一億美元，四年前州裡的地質學家更宣稱這個礦藏的價值高達數十億美元！

現在，擁有這塊豎立著泰特斯維爾市（Titusville）的地主，以及在歡樂谷（Pleasantville）有土地的人，相信已經充分研究了石油的相關主題，遺憾的是，這位農場前主人自認為研究石油非常透澈，但卻只用八百三十三美元就把整座蘊藏著珍貴黑金的農場給賣了——我得再說一次：「這真是沒道理！」

坐擁白銀卻不自知的礦物學家

再舉一個發生在麻州的例子。

故事的主人是個住在麻州的年輕人，名字叫查理，他進了耶魯大學研讀礦物和採礦，成為一個如採礦工程師般精通此道的人，於是學校當局雇用了他，負責指導那些程度跟不上的學生。

在他大四那年，平均一週的薪水是十五美元。等他畢業之後，學校把他的薪水從每週十五美元調高到四十五美元，還要聘請他擔任教授，但此時他卻立刻跑回家去找母親商量。

我事後諸葛的猜測，要是校方把查理的薪水從十五美元調高到十五點六美元，他就會留下來，並且對這份差事感到自滿。但是當薪水一下子被調高到四十五美元時，他的反應卻是：「媽，我不想做每週只有四十五美元的工作。像我這麼聰明，一週卻只賺四十五美元怎麼像話？我們去加州吧！只要能挖到金礦和銀礦，就能馬上變有錢。」

他母親說：「查理，快樂的生活跟富裕的生活一樣美好。」

「你說得沒錯，」查理接著說：「但是既有錢又快樂會更好。」

媽媽與兒子都說得沒錯，但因為他是家裡唯一的兒子，而她是個寡母，最後一定是媽媽讓步，兒子就順利的如願了。

於是他們賣掉麻州的財產，但不是去加州，而是去了威斯康辛州。

查理在那裡受僱於一家高級的銅礦公司，薪水仍然是從一週十五美元起跳，但是在合約裡有附加條款提到——如果他為公司發現了礦脈，就可以分到紅利。

我不相信這個年輕人後來有發現過礦脈，如果我正與那家銅礦公司的任何股東面對面，大家可能會希望他這些年是有所斬獲的。坦白說，查理受雇於那家公司時，我有些朋友就擁有那家銅礦公司的股票……，但這個年輕人就這樣消失了，後來，我再也沒有聽說過他的消息，也不知道他後來怎麼了，他到底有沒有找到任何礦脈？我實在不相信他已經找到了。

故事的另一頭發展是——

查理才剛離開老家不久，後來接管他農場的主人出去挖馬鈴薯，當初這位老農夫買下農場的時候，馬鈴薯就已經種在地裡了，當老農夫帶回一籃馬鈴薯時，發現了一件事。

（先打岔一下，我來自麻州，在麻州的農場周圍，大都砌著石牆，所以你自然會對前門出入口處的寬度非常精打細算，好有足夠的空間可以放得下石頭。）

當時這老農夫就坐在地上，拖著他裝滿馬鈴薯的籃子，使勁的先拖一邊，再拉另一邊。

等他終於把籃子拉進門時，由於籃子和石牆靠得很近，他注意到在石牆上層外部的角落、就在門邊，竟然有一大塊天然的白銀，足足有八平方英寸那麼大。

而查理，那位本來要當上礦物學教授的年輕人，對採礦的主題是如此了解，因此而不願意接受一週四十五美元的薪水，當他賣掉麻州的老家時，就等於是坐在那塊白銀上跟新買主討價還價。諷刺的是，他在那棟房子出生、在那裡長大，曾經用身上的衣袖來回摩擦那塊石頭，直到石頭反射出他的樣子，石頭似乎在呼喚：「這裡價值有幾十萬美元，等你來拿。」但是，查理卻無知無覺。

這是查理位於麻州紐伯里波特的家，現在那裡並沒有白銀——全都被帶走了。好，我不知道白銀在哪裡，他也不知道，但就是在世界上的某個地方——虧他還是個礦物學教授呢！

朋友，這樣的錯誤其實很常見，我們為什麼要嘲笑他呢？我常常在想，不知道他現在怎麼樣了？

身為一個美國佬，我想告訴大家我所猜想的情況：

查理今晚可能會坐在家中的壁爐前，旁邊圍著一圈朋友，對他們這樣說：「你們認不認識那個住在費城的康維爾？」

「認識啊，我聽說過他。」朋友回答。

「那你們認不認識那個住在費城的瓊斯？」

「認識啊，我也聽說過這個人。」

然後他開始大笑，笑到全身都搖晃的說：「這些人犯了跟我相同的錯誤，完完全全一樣。」

這樣一來就糟蹋了整個笑話——因為你我都曾犯過跟查理相同的錯誤。我知道我也是，但這其實並不會影響我想傳達的真理，因為我們不能期待一個人既能宣道，又總是能夠當個一百分的實踐家。

人會不斷犯同樣的錯誤，因此我常常希望在演講場合中可以看到比較年輕的人，讓我可以與他們對話——我的確比較偏好少不經事的聽眾，因為他們是最容易受到影響的，他們還沒有成熟到可以累積許多偏見、還沒有陷入任何無法打破的慣例、還沒有遭遇過太多挫折，如此，我所能發揮的影響力或許比對大人演講要來得更好。

但無論你是屬於哪一個年齡層，我都會善用手上的材料，盡力去把我的分享做到最好。現在我要強調的是——在費城，在你們現在所居住的地方，其實就擁有著「遍地鑽石」。

鑽石就在你腳下

「哦，」你們可能會回應，「如果你真的覺得這裡『遍地鑽石』，那你可能對自己的城市並沒有太多了解。」

報紙上曾刊載了一個年輕人在北卡羅來納州找到鑽石，我對這篇報導非常感興趣。那是目前世界已知的鑽石礦脈中最純粹的其中之一個，而且在同樣的地點附近，還有好幾個之前曾被發現的鑽石礦脈。

我跑去找一位礦物學的權威教授，問他認為這些鑽石是從哪裡來的。

那位教授攤出美洲大陸的地質組成地圖，開始追蹤鑽石的起源。他說，鑽石形成的路徑可能有兩種，其中一種就是穿過地底下適合產出鑽石的石炭紀地層，往西穿過俄亥俄州和密西西比州，或者有更大的可能性是往東穿過維吉尼亞州、沿著大西洋岸而上。如今，在那邊真的就發現了鑽石，並且加以開採、販售，許多鑽石從北部的一些地方漂流時被沖刷下來。

既然這樣，誰又能說得準，搞不好在費城受過訓練的某些人，就能在這裡找到一些鑽石礦脈的痕跡？

朋友們！你們不能說自己沒有經過世界上最偉大的鑽石礦脈，例如眼前這顆鑽石，就是開採自地球上目前所能找到的、最有利潤的礦脈。

1 致富祕訣
你們不能說自己沒有經過世界上最偉大的鑽石礦脈——在你們伸手可及的範圍內，就擁有著「遍地鑽石」。

剛剛的例子只是要說明我想強調的理念：

如果你並沒有實際的「鑽石礦脈」，那我要恭喜你，因為你等於擁有了鑽石可以對人產生的所有益處——英格蘭女王已經用她的穿著給了美國女性有史以來最大的恭維，上一次在英格蘭舉行的歡迎典禮上，女王沒有配戴任何珠寶出現，她的造型穿搭幾乎揚棄了鑽石——想要表現得端莊，只需要在意少數幾顆你們會配戴的鑽石，其餘的，可以拿去賣掉換錢。

我再說一次，要變有錢、想追求極大財富的機會，就在費城的此地、此時——我強調的是，「遍地鑽石」就在你們伸手可及的範圍內，人人都有機會獲得大筆財富，世界上再也不會有別的地方，比此時此刻的費城市更充滿機會。

在這裡，我並不是要對世人背誦某些教條，而是要告訴大家在上帝眼中，我所相信的事實。如果多年的人生閱歷對我有任何的價值，就是這個「遍地鑽石」的信念！

「遍地鑽石」就在你們伸手可及的範圍內。

追求財富是好人的責任

比起沒錢，有錢能做更多好事

在一場禱告會上，
男人感謝自己是「上帝的貧窮子民」，
他們家的家用都是妻子賺的，
男人只是翹著二郎腿坐在走廊上花妻子的錢來抽菸……。

放眼世界的歷史，你絕對找不到一個窮人，可以不靠資金、又誠實做人就能迅速致富，但我們城裡就有這樣的機會！

接下來，我要訴說我所相信的觀念與事實，然而，除非你們當中有些人因為我的分享而變得更富有，否則就算是浪費了。

我說，你們應該要變富有，而且變富有是你們的責任！

2 致富祕訣

你應該要變富有，而且變富有是你的責任！

此話一出，不知道曾經有多少虔誠的弟兄質疑我：「身為一個基督信仰的牧師，你卻把時間都花在巡迴全國，勸告年輕人要變富有、要賺錢？」

「沒錯，我當然要這麼做。」

他們說：「那不是很不像話嗎？為什麼你不去傳福音，卻要鼓吹人們去賺錢？」

「因為**勸人誠實的賺錢就是在傳福音**。」

這就是我的原因——**富人或許是社會裡最誠實的人。**

最誠實的富人

也許有些年輕人會說：「哦，我一直聽到有人說，如果一個人有了錢，他就會變得非常不誠實、可恥且卑鄙。」

朋友們，這就是為什麼你們沒有錢，因為你們對富人有這樣的看法，而這信念的根基完全是錯誤的。

容我在這裡清楚且簡短的說明：**美國的一百個富翁中，有九十八個是誠實的**——這就是為什麼他們會有錢，他們會因為錢而受到信任；這就是為何他們可以經營大企業，還能找到許多人一起共事，因為他們是誠實的人。

不過，可能又會有另一個年輕人說：「有時候我會聽說，有人用不誠實的手段賺到上百萬元。」

沒錯，你當然會聽到，而且我也有聽說過，但是這些人實在太稀少，報紙一直把這些少數案例當作新聞在討論，直到讓大家覺得，所有的富翁都是用不誠實的手段致富的。

朋友們，如果你們有車，願意開車來載我到費城的郊區，向我介紹在這個大城市周圍擁有自己房子的富翁，在那美麗的家中有花園、種滿花、有可愛的藝術裝飾品，那我保證會向你們介紹品格最好的人，以及我們城市裡的良心企業。一個人得先擁有自己的家，才能算是真正的「人」，擁有家的人將會變得比較可敬、誠實、純粹、真誠、節儉且謹慎，因為他擁有了家。

3
致富祕訣

一個人得先擁有自己的家，才能算是真正的「人」，擁有家的人將會變得比較可敬、誠實、純粹、真誠、節儉且謹慎，因為他擁有了家。

一個人就算是「很有錢」，也不是一件反常的事。身為牧師的我們常在講道壇上花很多時間宣揚人們不可貪求，並且使用「不義之財」的極端字眼，讓基督徒以為牧師相信富翁都是邪惡的。直到奉獻籃開始在信徒間傳遞，然後我們怒罵別人，只因他們沒有奉獻金錢——看出來了嗎？這教條竟然前後矛盾至此！

金錢就是力量，而且你應該要適度的渴望自己有錢，因為比起沒有錢，有了錢就能利用它做更多好事。錢可以幫忙印《聖經》、建造教會、把傳教士送到身邊、支付牧師的薪水，如果你沒有錢，就不會擁有許多人力。

4 致富祕訣

你應該要適度的渴望自己有錢，因為比起沒有錢，有了錢就能利用它做更多好事。

要是教會為我加薪，我一定會很高興，因為能付出最高薪水的教會永遠都是最容易加薪的，人永遠都無法預測生命中的某個例外，**擁有最多薪水的人將有能力做最好的事，只要他的心念正當，能把金錢運用在對的用途上**。

所以我說，你們應該要有錢，如果你可以誠實做人並在費城致富，這將是一個基督徒敬畏神的責任。

然而，對於有些虔誠的信徒來說，這種說法是天大的錯誤，他們認為人一定要很窮才算得上虔誠。

有人會問：「難道你不同情窮人嗎？」

我當然同情窮人，否則這幾年就不會到處演講了。但是有一個觀念需要釐清，那就是需要被同情的窮人其實是很少的，同情某個因贖罪而受到上帝懲罰的人，當上帝還在公平審判時幫助他，這無疑的就是犯錯，而且比起幫助那些應當被幫助的人，我們會更常犯這種錯！

你沒有權利當窮人

儘管我們應同情上帝的貧窮子民、那些無法自助的人，但我們還是要記得，美國所有的窮人，都是因為自己的缺點、或是因為別人的缺點才變窮的。不管原因為何，貧窮實在是一件徹底不對的事。

說到這裡，可能會有一位紳士說：「你難道不覺得這世界上有些東西比金錢更有價值嗎？」

我當然這麼覺得，但是現在我分享的主題是金錢。有些東西比金錢更崇高，當我獨自站在墳墓旁時，就能感受到那比金錢來得更崇高、甜美、純粹的東西。在上帝創造的地球上，愛是最偉大的事情，比黃金還崇高、更重要，但不可否認的是，擁有多金的愛人是更幸運的一件事！

金錢就是力量、就是權力，**金錢不只會帶來破壞，也會帶來好處。在好人的手中它將可以成就許多好事，而且也已經成就了許多好事。**

我不想忽略這個問題，因為我曾經聽過某位仁兄在城裡的一場禱告會上起立，感謝上帝自己是「上帝的貧窮子民」。

我真想知道他的妻子會作何感想？家用都是妻子賺的，他卻只是翹著二郎腿坐在走廊上花妻子的錢來抽菸。

我不想再看到更多這種「上帝的貧窮子民」，而且上帝也不會樂見。但是仍然有一些人覺得為了表現虔誠，就得呈現出貧窮與骯髒的樣子，但其實這並非真理，儘管我們同情窮人，但是可別再傳授這種教條。

愛財不貪財

這個時代充斥著偏見，反對基督徒（或者猶太人會說，一個敬畏上帝的人）追求財富。這偏見相當常見，而且歷史也相當久遠，因此我想提一提幾年前發生在天普大學的一件事。

有個年輕的神學院學生，他覺得自己是系裡唯一虔誠的學生。有一天晚上，他走進我的辦公室，在辦公桌前坐下對我說：「校長先生，我覺得這是我的責任，必須來找你好好談談。」

「發生什麼事了嗎？」我問。

他回答說：「我聽說你在皮爾斯學院（Peirce School）的畢業典禮上提到，一個年輕人渴望擁有財富是個可敬的志向，而且這會讓他有所節制，渴望擁有好名聲，讓他變得更勤勞；你說一個人想要變有錢的志向有助於讓他成為一個好人。先生，我必須告訴你，《聖經》上明確記載著『金錢是萬惡之根』。」

我說，我從來不曾在《聖經》裡看過這句話，並建議他到教堂裡去拿本《聖經》，讓我看看這句話的出處。於是他跑去找《聖經》，不久後他昂首闊步走進我的辦公室，手裡拿著一本打開的《聖經》，還帶著一種偏執的驕傲，如同心胸狹隘的教派成員或自認為瞭解基督教義但其實是誤解《聖經》的人。他把《聖經》扔在我的辦公桌上，很有把握且對我尖聲說：「就在這裡，校長先生，你自己看吧。」

我回他：「年輕人，等你再老一點之後就會學到，你不能信任別的教派的人念《聖經》給你聽。你是屬於另一個教派的（註：在宗教改革之後，基督教信仰分成許多不同的教派，對於共同經典《聖經》的解讀也各自不同。作者這句話的意思可以解讀為，不能信任一個價值觀跟自己不同的人，來向自己解釋何謂正確的價值觀）。你受教於神學院，這裡看重的是對《聖經》的解釋。現在，你能不能拿起《聖經》自己念一段，並給予適當的解釋呢？」

於是他拿起《聖經》，驕傲的朗讀：「金錢是萬惡之根。」

他說得沒錯，當有人正確的引述這本古老之書時，就是在引述絕對的真理。我曾經歷過五十年內在價值的劇烈鬥爭，而一切在那本古老的書中早就已經提及了，我也已活著看到書中所揭櫫的真理自由翱翔。世界歷史上從來不曾有一本書像《聖經》一樣，被地球上的許多偉大心靈普遍認同為真理（都是真理），就像他們在這非凡的時刻所做的一樣。

他說得沒錯，「金錢是萬惡之根」意指試圖太迅速或用不誠實手段賺錢的人，將會落入金錢的網中，這是毫無疑問的。

5
致富祕訣

試圖太迅速或用不誠實手段賺錢的人，將會落入金錢的網中。

那麼，貪財又是什麼呢？意思就是膜拜金錢，對錢充斥著盲目而純粹的崇拜，這行為普遍受到《聖經》以及人類常識的譴責。膜拜金錢，而非思考金錢應該用在什麼目的上的人，把自己的錢都存放在地窖、藏在倉庫、拒絕把錢投資在會對世界產生助益之處的守財奴，這些人會一直抱著錢，直到老鷹的尖叫聲在他身上種下萬惡之根。

年輕的朋友，請聽我說，往前進的時候也要繼續生活，不要等你們到了我這個年紀，才開始享受人生。

就算我能拿回這幾年嘗試想賺到的一百萬美元，或是其中的五十分，當中的助益也無法等同這段幾近神聖的分享。

沒錯，這幾年來我一直向眾人分享自己的賺錢之道，得到了無數的演講酬勞——其實我不該這樣標榜自己，這顯得有些自我主義了，但相信我已經老到可以被眾人原諒——幫助自己的同胞，這是我一直嘗試想要做到的，而且每個人也都該試著這麼做，並從中得到快樂。

覺得自己如同偷了一美元的人，回到家之後，會覺得這行為劫走了內在應有的誠實，而無法安然休息。隔天早上，他會疲倦的起床，並帶著不乾淨的良心去工作。他根本不是個成功的人，儘管他可能已經賺到了上百萬美元。

一邊生活一邊分享的人，永遠都會和廣大的同胞在一起。賺取並獲得應有的權利和利益，並和其他人分享。

6 致富祕訣

賺取並獲得應有的權利和利益，並和其他人分享。

請每天好好過生活。而且不僅僅如此，那就是通往大筆財富的坦途，歷史上數以千計的百萬富翁都是如此創造財富的，就是這樣。

想要變有錢，有助於讓一個人成為一個好人。

3

有常識比有資本更重要

繼承金錢對年輕人沒有幫助

他帶著新娘住進更漂亮的豪宅，
但當他們穿梭其中時，
他卻只能對妻子說：
這是母親給我的、那是母親給我的。

一個男孩曾跟我說：「我沒辦法做生意。」

請注意，儘管我在這裡說的是「做生意」，但其中的原則其實可以適用於每種職業。

「為什麼你沒辦法？」

「因為我沒有任何資本。」

哦，這虛弱又紈絝的傢伙，竟然目光如此短淺！看到這小老弟站在角落裡念念有詞「要是我有很多資本，不知道會變得多富有」，實在會讓一個人覺得更軟弱。

「年輕人，你覺得只要有資本就會變有錢嗎？」

「當然。」

我說：「當然不是。」

不勞而獲繼承財產是一種詛咒

如果你母親有很多錢，她就會出錢幫你創業，還供給你資本。然而，一旦某個年輕人擁有的金錢比他可賺得的更多，當下就會受到詛咒。繼承金錢對一個年輕人來說沒有幫助，把錢留給孩子對他們來說毫無助益，但是如果父母留給孩子的是教育、是基督信仰與高尚的性格、是廣泛的人脈、是一個可敬的名字，遠比讓他們繼承財產來得更好。

要是讓年輕人不勞而獲的繼承財產，對他們來說其實反而更糟，對整個國家來說也是。

年輕人啊，如果你們繼承了財產，千萬不要認為這是禮物，因為終生這筆錢都會詛咒你、會剝奪掉你人生中最美好的事物。沒有人比無經驗的富二代更令人同情，我同情富人的兒女，他們永遠都不會知道人生最美好的事物是什麼。

7 致富祕訣

讓年輕人不勞而獲的繼承財產，對他們來說反而更糟，對整個國家來說也是。

人一生中最美好的事物之一，就是年輕人可以自己賺錢維生，和某位可愛的女性訂婚，並下定決心要建立自己的家。伴隨愛而來的，還包括對更美好事物的神聖靈感，他會開始存錢、戒除一些壞習慣，把錢存在銀行裡。

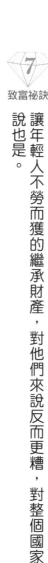

當他擁有幾百美元的存款之後，會到郊區尋找一個家。或許他會到存錢的銀行裡領出一半的錢，然後去找妻子。當他第一次帶著新娘跨越房子的門檻時，會用自豪的、比我還高明千百倍的口吻說：「這個家是我賺來的，一切都屬於我，現在我要把它與妳分享。」

這真是人類所知最偉大的一刻！

可惜的是，富家子弟可就永遠無法體會這點。他會帶著新娘住進更漂亮的豪宅，但是當他們穿梭在房子之中時，他只能對妻子說：

「這是母親給我的、那是母親給我的、母親給了我這個……。」到最後，他太太可能會希望自己嫁的是婆婆，而不是兒子——所以我真的很同情富家子弟。

麻州的統計數字顯示，**十七個富二代中，沒有一個在過世時還是富翁**。除非他們擁有老范德比（Vanderbilt）的聰明才智，我才會寄予同情，幸好，這種情況有的時候會發生。

范德比曾問他的父親：「你所有的錢都是自己賺的嗎？」

「是啊，兒子。一開始我在渡船上工作，在那時候，一天的薪水是二十五分錢。」

「那麼，」兒子說：「你的錢我一毛也不要。」

從那週的星期六晚上開始，他也試著到渡船上去找工作。

范德比雖然沒在那裡找到工作，但是他卻找到了另一門差事，一星期可以賺三美元。

讓孩子獲得「窮男孩」的教養

當然，如果一個富家子弟這麼訓練自己，他就會獲得窮男孩的教養，那價值遠超過大學教育所能給予的知識，接著他就能夠管理父親所擁有的百萬財富。

但是通常，有錢人不會如此鍛練兒女，讓他們變得更優秀。多數的富翁不允許自己的兒子去外面工作，尤其是孩子的母親！

為什麼呢？

貴夫人們通常覺得自己可憐、虛弱、擁有纖纖玉手、甚至有點娘娘腔的寶貝兒子，要出外靠誠實的勞動賺錢維生，在上流社會裡是件丟臉的事！因此，我可就不會同情這樣的富家子弟了。

在一場於費城舉行的宴會上，坐在我旁邊的是個好心腸的年輕人，他說：「康維爾先生，你已經生病兩、三年了，等你要離開的時候，記得坐上我的豪華轎車，司機會載你回到百老街的家。」

我非常的感謝他，或許現在我不應該提起這件事，但是以下所說的都是事實——

我坐上車之後，有位司機負責開那輛車，在外面等著，當我們上路之後，我問司機說：「這輛車要多少錢？」

「六千八百美元，而且他還得支付車子的保險。」

「那麼，」我說，「主人曾經駕駛過這輛車嗎？」

當時這位司機笑得非常起勁，以至於他差點無法握好方向盤！他非常驚訝我會這麼問，於是把車開上了人行道，還繞過一個角落的路燈，最後又開上了街。

等車子順利開上了道路之後，他甚至笑到整臺車都跟著顫動：「少爺怎麼會開這輛車！如果他懂得夠多，能夠在我們抵達的時候出門迎接，就已經是萬幸了。」

我還必須說一件發生在尼加拉瀑布的富家子弟故事。

當時我演講結束後回到旅館，走近櫃檯時，那裡站著一個百萬富翁的兒子，他來自紐約。

他簡直是個難以形容的人類學有效樣本——在頭的一側戴著一頂無邊便帽，帽頂上綴著金色的流蘇，在腋下則夾著一根金炳手杖。不過從我的角度來看，連那根手杖頂端的「腦袋」裡所裝的東西，應該都比那年輕人腦袋裡裝得多。

要形容這個年輕人實在是件非常困難的事。他戴著一副無法透視的眼鏡，穿著一雙他無法好好走路的高級漆皮靴子，還套著一條沒辦法順利坐下的名牌褲子——說真的，他打扮得就像一隻蟋蟀一樣……。

當我進門的時候，這隻人形蟋蟀也走到櫃臺前，推了推那副無法看清楚任何事物的眼鏡，口齒不清的對櫃檯職員說：「掂登（先生），你能不能行行好，給我一爹（些）信組（紙）和信轟（封）！」

櫃檯職員很快的打量了一下這個人，接著就從抽屜裡拿出信封和信紙，一把扔在櫃檯上，之後就轉過去繼續看自己的書。

此時，年輕人就像隻雄火雞般漲紅了臉，再度推推他那副看不清楚任何事物的眼鏡，大叫著說：「掂登（先生），你給我馬上回來，立刻。你去叫個補（僕）人來，把這些信組（紙）和信轟（封）拿到那扁（邊）的多（桌）上。」

唉，這真是隻可憐、可悲、又可鄙的美國猴子！他竟然沒辦法把信紙和信封拿到二十呎以外的地方，恐怕連垂下手臂這動作都無法順利做好，我絕不會同情這樣扭曲到極點的人。

如果年輕的你沒有資本，我會很替你高興，你所需要的只是常識，而不是繼承而來的財產。

你需要的是常識，而不是繼承而來的財產。

4

投資人們所需的事物

理解人心，就能找出「錢在哪裡」

第一個人、第二個人、第三人個人……，
他們都走進店裡問：
「有賣瑞士刀嗎？」
沒有，沒有，沒有，
難道這間店是為了供應瑞士刀而存在？

現場幾乎所有人都會問一個問題：「在費城有機會致富嗎？」我告訴你，要找出「錢在哪裡」實在是一件非常簡單的事，而且一旦你能看到它，它就是你的了。

曾有位年邁的紳士起立說：「康維爾先生，你已經在費城住了三十一年，難道不知道在這裡，不管做哪一行都可以致富的時代，早就已經過去了嗎？」

「不，我不這樣覺得。」

「是這樣沒錯，我已經試過了。」

「你是做哪一行的？」

「我在這裡開店已經二十年了，在這整整二十年之間，卻從來不曾賺到超過一千美元。」

「一個人可以透過他的所得精確判斷自己的價值，也就是這段期間他對這裡的貢獻。如果你在費城開店二十年，當中都不曾賺到超過一千美元，那對費城來說，要是十九年又九個月前就把你踢出城，應該會比較好。一個人可沒有權利在費城開店二十年，卻沒有賺到最起碼的五十萬美元，即使那只是個在角落裡的雜貨店。」

「在費城開一間店，連賺到五千美元都有困難。」年邁的紳士堅持說。

你關心過自己的鄰居嗎？

朋友，只要你可以善用自己店鋪周圍的四塊街區，了解當地人想要的是什麼，自己應該供應什麼，並用你的鉛筆記下、計算成本，等你確實將貨品在店鋪上架、開始販賣之後，你將很快就可以看到錢、賺到足夠的利潤，記住，財富就在你身上。

8 致富祕訣

了解人們想要的是什麼，自己應該供應什麼，記下並計算成本。

有人質疑說：「你根本就不懂怎麼做生意，牧師絕不會懂得怎麼做生意。」所以，我必須證明自己是個專家。我不喜歡自我吹捧，但若不能證明我自己，我的分享就不會有人採信。

我父親曾經在鄉下開過一間店。天底下若有任何一個地方，可讓人在各種商業交易當中獲得許多寶貴經驗，就是這類鄉下的小店。有時候當我父親不在的時候，他會把我留下來顧店，幸好這種情況並不常發生，但也確實發生了好幾次。

有人走進店裡問我說：「你們有賣瑞士刀嗎？」

「不，我們沒有賣瑞士刀，」接著，我的口哨換吹了一種調調。總之，我為何要在乎那男人？

有一個農夫走進來問：「你們有賣瑞士刀嗎？」

「沒有，我們沒有賣瑞士刀。」我又換吹了另一種調調。

又有第三個人走進同一扇門問：「你們有賣瑞士刀嗎？」

我說：「沒有，為什麼進來的人都要找瑞士刀？你們以為這間店是為了供應瑞士刀給整個社區嗎？」

朋友，你會像我一樣，在費城如此經營自己的店嗎？困難之處在於我當時並沒有學到，信仰的根基和事業成功的基本原則是一樣的。

會說「我沒辦法把宗教信仰帶進事業」的人，其實是在宣告——要不就是在事業上是個傻瓜，要不就是走在通往破產、或是變成小偷的路上，肯定是這三者的其中之一。如果當初我有用基督徒的計畫、敬畏上帝的計畫，經營我父親的店，當第三個人詢問的時候，我就會有瑞士刀可以賣給他。其實這是在對他做好事，而且我也會收到自己應得的報酬，那就是我應該負起的責任。

有一些虔誠的基督徒認為，若某人因賣出的任何商品而獲利，就會成為不義之人。但我認為，如果某人用低於成本的價格賣出商品，就會變成犯人。

9 致富祕訣

如果某人用低於成本的價格賣出商品，那他就會變成犯人。

沒有人有權利這麼做——**你不能花錢去相信一個連自己的所有物都無法小心照顧的人，你也不能信任在家裡對自己妻子不忠的男人；你不能信任在這世界上不用心、不用真實性格、不用全部生命開創事業的人。**

準備好瑞士刀給第二個、第三個人，且以合理的價格賣給他們，讓自己獲利，那是我的責任。我不能賣出商品卻沒得到應有的利潤，也不能欺騙客戶詐取超出商品價值的錢，我應該如實賣出每一樣商品，盡量讓買家獲得的益處跟我的利潤一樣多。

求生存並讓別人有活路，是福音的原則，也是生活常識的原則。

10
致富祕訣

求生存並讓別人有活路，是福音的原則，也是生活常識的原則。

那位說自己的店裡賺不到錢的費城佬，其實是用了錯誤的原則在經營。假設明天早上我走進這位仁兄的店裡問道：「你認識住在一個街區外、門牌號碼一二四〇號的A鄰居嗎？」

「是呀，我認識他，他經營轉角那家店。」

「他是從哪邊來的？」

「我不知道。」

「他家裡有多少人？」

「我不知道。」

「他投票給誰？」

「我不知道。」

「他去哪間教會？」

「我不知道，也不在乎，你問這些問題到底要做什麼？」

如果你在費城有一家店，會如此答覆我嗎？如果會，那你經營事業的方式，就跟我在麻州沃辛頓經營我父親的小店一樣有問題。當有人搬到費城的時候，你不知道這位鄰居是從哪裡來的，而且也不在乎。如果你夠在乎、對他的事情感到興趣、了解他需要什麼，你早就變成富翁了。但是你卻走遍世界宣稱：「沒有機會可以致富。」而出問題的地方其實就在你家門口啊！

斯圖爾特（Stewart）是一個住在紐約的窮小子，他只帶了一塊五角美金就跑去闖天下。第一次做生意時，用的資本是這僅有的一塊五角，但卻損失了八角又七分五厘。

這個第一次做生意就賠錢的男孩實在太幸運了，他說：「我再也不會拿事業去賭博了。」而且，他說到做到。這男孩怎麼會損失八角又七分五厘呢？因為他買了一些針、線和鈕扣想拿去賣，但卻沒人想買，最後這些貨只能留在自己手上，可說是白費工夫。

之後他就挨家挨戶去走訪，去問人們需要什麼東西。等他知道人們需要什麼東西之後，才把僅剩的六角又二分五厘投資出去，供應這些貨品。**記住，你每次要做選擇之前，都要先做功課：不論是針對事業、職業、家務，不論你的人生是如何，這就是成功的祕訣。**

你必須先知道人們需要什麼，再將自己投資在這大眾最需要的地方。斯圖爾特一直堅持著這個原則，直到他之後累積了相當於四千萬美元的資產，擁有後來沃納梅克（Mr. Wanamaker）在紐約壯大事業的商場。他的財富是因為失去某樣東西而得來的，這教會了他寶貴的一課——唯有人們需要之所在，才值得投入你的生命與資本。

從人性變化了解市場需求

業務員、製造商，你們什麼時候才能明白？想要成功，就必須知道不斷變化的人性需求。所有在場的基督徒們，要運用自己的能力，去當製造商、商人或工人，供應人性的需求，這是個很偉大的原則，可以擴及人性、深達《聖經》的核心。

11

致富祕訣

想要成功，就必須知道不斷變化的人性需求。

我所聽過最棒的例證是約翰・雅各・阿斯特（John Jacob Astor）的故事。他在紐約的時候，替阿斯特家族賺進了無數的財富，但當年坐船渡海的時候連船費都是跟人借的！這個曾經口袋裡一無所有的窮小子，僅僅只靠一個原則就賺進了整個阿斯特家族的財富。

現場可能有人會說：「他在紐約可以發財，但若是換在費城，可就辦不到了！」朋友們，你們曾經讀過社會改革家里斯（Riis）所寫的好書嗎？他在書裡描述了一八八九年紐約的一百〇七位百萬富翁創下紀錄的統計數字。如果你閱讀他的敘述，將會看到在一〇七位百萬富翁中，只有七位是在紐約致富的；他們擁有價值千萬的房地產，其中有六十七位是在人口不到三千五百人的小鎮上發財。如果你們了解房地產的價值，今天全美國最有錢的人，從來不曾搬離只有三千五百位居民的小鎮。由此可見，住在哪裡跟會成為怎樣的人，其實根本就沒有關係，如果你在費城沒辦法致富，那麼就算是跑到紐約，肯定也無法辦到。

約翰・雅各・阿斯特的例子就能說明，在任何地方都可以致富的原理。

他曾經擁有一間女帽店的抵押權，但由於店家無法賣出夠多的帽子來支付利息，因此他就取得了那家店的所有權。他和原來的經營者繼續合作，靠同樣的資本，並沒有多投入一毛資金，店家得繼續賣出商品才能換取收入。他留下原經營者繼續顧店，自己則跑到外面，坐在公園裡樹蔭下的板凳上。

究竟約翰・雅各・阿斯特到公園裡要做什麼？他為何與敗在自己手上的人繼續合作呢？

在我看來，他做的是這項合夥事業裡最重要、也最愉快的一部分工作。當他坐在板凳上的時候，會觀察經過的女士們，如果有個女士經過他面前，肩膀往後、頭抬高，直直的看向前面，彷彿她並不在乎全世界是否都正注視著自己。接著，他會研究她所戴的帽子，在那頂帽子還沒從他視線中消失之前，他就已經知道帽子的形狀、鑲邊的顏色及羽毛的花樣。

我有時會試著去描述一頂見過的女帽，但並不總是如此，更不用提去準確的描述一頂時髦女帽！能夠這樣做的男人在哪裡呢？是在公園裡的約翰・

雅各・阿斯特，他坐在板凳上觀察女士帽子的當天，出現了一種關於經營女帽事業的新藝術。

記下那頂帽子的樣式後，他跑回自己的女帽店對店主說：「現在快把一些我所形容的帽子擺進櫥窗裡，因為我剛看到一個喜歡這種帽子的女士，在我回來之前，別再擺出其他樣式的帽子了。」

接著，他又走了出去，再度在公園裡坐下。這時有另一個身材、膚色不同的女士，戴著一頂形狀和顏色都很不同的帽子經過。「快一點，」他跑回女帽店囑咐說：「把一些像我所形容的帽子擺到櫥窗裡賣！」

從此以後，他再也不曾在櫥窗裡擺上客人看了就走掉的帽子，也不用再因為人們都跑去沃納梅克百貨公司（Wanamaker's）消費，而氣得坐在店後頭咆哮。在這之前，女帽店的櫥窗裡從未擺上他見過的女士們所喜歡的帽子款式。流行的風潮立刻開始風湧而入，而這就是紐約最大的女帽店創立的經過，而且現在還依然是三間頂尖女帽店的其中一間。

這財富是原店主生意失敗之後，由約翰・雅各・阿斯特創造的，他並沒有投入新的資金，而是找出女士們喜歡的帽子款式，以免店家繼續浪費材料去製造顧客不喜歡的帽子。我告訴你們，如果一個人可以準確預測女帽事業的商機，他就能夠預測天底下的所有事物！

生產自己家人也愛用的商品

假設今晚我要請問大家，在費城這個偉大的製造業城市中，有沒有機會可以靠製造業變有錢？你們的回答將是什麼？

「哦，有啊，」有些年輕人會這麼說：「這裡還是有機會，只要你能建立一些信用，加上你有兩、三百萬的錢可以當作資本開創事業。」

年輕人，**抨擊「大企業」導致其信用瓦解的歷史，只是在說明當前屬於小人物的機會來了**。世界歷史上從來沒有像現在這一刻，儘管一個人沒有資本，卻可以迅速靠著製造業而致富。

你們的反應是：「你不能沒有資本就開創事業。」

年輕人，且容我說明一下，這是我對每一個年輕男女的責任，因為我們很快都將會進入企業、執行同樣的計畫。要記得，知道人們需要的是什麼，就擁有了更多關於財富的知識，那是遠遠超越任何數目的資本所能給予的。

12 致富祕訣

知道人們需要的是什麼，就擁有了更多關於財富的知識，那是遠遠超越任何數目的資本所能給予的。

有一個失業的可憐人，住在麻州的欣厄姆（Hingham）。他一直在家裡閒晃，直到有一天，太太要他出去找工作，他聽了太太的話，坐在海岸邊，把一塊濕透的木板削成一串木製項鍊。

當天晚上，孩子們竟為了爭奪這條項鍊而吵了起來，於是他削了第二條項鍊讓孩子們可以和平相處。當他在削第二條項鍊時，有一個鄰居走過來說：「你為什麼不削些玩具拿去賣呢？這樣可以賺錢。」

他回答說：「我不知道該做些什麼玩具。」

「你何不問問自己家裡的孩子，該做些什麼呢？」

「那又有啥用？」男人回說：「我的孩子跟其他孩子又不一樣。」

（我還在學校教書的時候，也看過像這樣的人。）

但他還是照鄰居的話去做了，隔天早上，女兒瑪麗下樓的時候，他問道：「妳想要什麼樣的玩具？」

她說，她想要一張娃娃床、娃娃的洗臉臺、娃娃的推車、一把娃娃的小傘，還繼續說了一大堆他得花一輩子的時間才做得出來的東西。

就這樣，他在自己的屋子裡，拿起了用來當柴火的木頭（因為他沒有錢可以買得起做東西的木材）削出一些堅固、未上漆的欣厄姆玩具，多年後這些玩具甚至聞名全世界。

這個人開始是為自己的孩子做玩具，接著再做出複製品，並透過他家隔壁的皮鞋店販賣。他開始賺了些錢，接著又賺了更多。在勞森（Lawson）先生所編寫的《瘋狂的金融》中，說這個人是舊麻州最有錢的人，我想這是真的。這個人今天的身家價值已上達百萬美元，而且只花了三十四年的時間，全靠一項原則：一個人必須先知道自己的小孩喜歡什麼，別人的小孩才會喜歡他的商品。要靠自己、靠自己的妻子或孩子的力量去理解人心，這是在製造業成功的王道。

你們可能仍困惑著一件事：「他不是沒有資本嗎？」

當然有，是一把袖珍摺刀，只是我不知道他付錢了沒。

女人發現的偉大商機

當我對康乃狄克州新不列顛的聽眾這麼說時，有一位坐在四排之後的女士回到家，並試圖脫掉她的領子卡在扣眼裡的領扣。她把它們丟出來並說：「我要找到比這更好的東西別在領子上。」

她丈夫說：「聽完康維爾先生的演講之後，妳知道有必要找一個改良過、比較容易處理的領扣。這當中有人類的需求，會產生大筆的商機。現在就去找一個領扣，變富有吧！」

他取笑她，也取笑了我，這是我所遇過最悲傷的事件之一，有時候就像一塊沉重的午夜烏雲，壓在我的心頭：儘管我已經努力了超過半個世紀，然而實際上所做到的實在太微薄。儘管身為聽眾的你們對我有諸多恭維，我還是認為：十個聽眾裡面，也不會有一個人因為這次的分享而賺到一百萬美元。

但這不是我的錯，而是你們的錯，這是我的真心話。如果人們從來不去實踐我的建議，那我的分享又有什麼用？

13
致富祕訣

如果你從來不去實踐致富的祕訣，再多的祕訣也沒有用。

當那位女士的丈夫嘲弄她的時候，她暗自下定決心，要做出一個更好的領扣——當有個女人決心「她要做」，而且什麼都不再多說的時候，她就真的會去做。

正是這位新英格蘭婦女，發明了現在你們到處都可以找到的四合扣。一開始它是個領扣，上面有個彈簧帽附在外邊上，曾經穿過現代雨衣的人，就會知道那種很容易就能扣在一起的鈕扣，當你要解開它的時候，也很容易就能打開。

之後她又發明了好幾種其他好用的鈕扣，加碼投資，還和很棒的工廠合作。現在那位女士每年夏天都會搭她自己的私人輪船出海——沒錯，也帶著丈夫一起！如果她丈夫死了，她將有足夠的錢可以安度晚年，可以買下某個國外的公爵或伯爵等，諸如此類數不盡的頭銜。

我從這件事學到的教訓是什麼？那就是：**「財富與你的距離太近了，因為你正向下看著它。」**

那位發明實用鈕扣的女士必須往下看，因為財富就在她的下巴底下。我曾經在報紙上看過一則報導，說女人從沒發明過任何東西，我認為這份報紙實在應該重新發行，如果女人真的從來沒有任何的發明，那份報紙就不會出現在大家的眼前。

朋友，特別是女人，請想想看！妳們說自己無法變得富有，是因為女人通常在洗衣店裡工作，或是操作裁縫機，或是在織布機前工作，這些工作的所得都很低，但妳們還是可以變成百萬富翁——只要遵照這個幾乎不會錯的方向。

有人說女人從沒發明過任何東西，那我要問，是誰發明了織出衣服的提花織布機？是雅卡爾太太（Mrs. Jacquard）。印刷機的滾筒、印刷的夾具，都是農夫的太太發明的。又是誰發明了南方的軋棉機、驚人的豐富了國家的農業產量？其實是格連將軍夫人（Mrs. General Greene），是她把構想告訴發明家惠特尼（Whitney），而惠特尼「像個男人似的」奪走了這個構想。

又是誰發明了縫紉機？小孩們可能會回答：「是埃利亞斯•霍威（Elias Howe）」。

南北戰爭（Civil War）時，埃利亞斯•霍威和我在一起，而且常待在我的帳篷裡，我曾聽他說，他努力了十四年才發明了縫紉機。有一天他的妻子下定決心，因為如果沒有盡快發明出某樣東西，全家人就會餓死，於是她就在兩小時內發明了縫紉機，當然埃利亞斯•霍威是用自己的名字取得縫紉機的專利——男人總是這樣！

又是誰發明了割草機和收割機呢？

根據發明家麥考密克（Mr. McCormick）最近才出版的機密書信，發明割草機的，其實是一位住在西維吉尼亞州的婦女，她接續了她父親的努力。父親早已因為努力失敗而放棄製造割草機了，她卻拿起許多剪刀、把它們全都釘在一塊板子邊緣，每兩支剪刀搭配一個鬆軸，接著用金屬絲把它們綁在一起。這樣一來，當她拉動金屬絲的一邊時，剪刀就會合起來；而當她拉動金屬絲的另一邊時，剪刀就會打開，這樣她就掌握住割草機的原理了；若你們曾仔細觀察過割草機，就會看出機器上面其實只是配有很多的剪刀而已。

如果女人可以發明割草機、可以發明提花織布機、可以發明軋棉機、可以發明推車的開關……，如果女人可以當發明家，就如為美國數百萬的鋼鐵業產量奠定基礎的鋼鐵大王卡內基（Mr. Carnegie）所說：「『我們男人』可以發明太陽底下的任何東西。」——我這麼說是為了鼓勵男人！

人之需要所在，才值得你投入生命與資本。

5 偉大成就起於日常

別小看平凡的人事物

他抓著我，
繞到美國第二十任總統加菲爾德家後門，
大聲叫道：「吉姆！吉姆！」
對這位鄰居來說，
加菲爾德不過是個叫「吉姆」的普通人。

誰是世界上的偉大發明家呢？我們會再一次面對這個教誨：**偉大的發明家就坐在你隔壁，或者，你自己就是那個大發明家。**

但是你們會說：「哦，我這輩子從來沒發明過任何東西。」

一般人意識不到身邊的偉大成就

在發明家發現某個偉大的祕密之前，他們其實也不曾發明過任何東西。你認為發明家擁有一個相當大容量的腦袋或有如突然被雷電擊中，才會產生過人的靈感？

其實，以上的想像都不正確，真正偉大的人都是平凡、簡單、日常、具備常識的人而已。

14
致富祕訣

真正偉大的人都是平凡、簡單、日常、具備常識的人而已。

如果你沒親眼看過這些偉人完成的事蹟，其實不會想到他是個偉大的發明家，發明家的鄰居往往也不會覺得這個普通人有什麼了不起，因為，人總是認為透過自家的後院圍牆，絕不會看到任何偉大的事物，習慣看扁自己的鄰居，覺得當中沒有人有任何豐功偉業，成就總在遙遠的其他地方。

通常，他們的偉大成就實在是太簡單、太平凡、太實際，以至於鄰居和朋友從來都無法意識到。我說的是事實，真正偉大的成就往往不會被一般人意識到，人們不會知道與偉人有關的任何事情。

當我在撰寫美國第二十任總統加菲爾德將軍（General Garfield）的生平時，有個鄰居，他知道我很趕時間，正當有一大群人擠在前門周圍的時候，他抓著我繞到加菲爾德將軍家的後門，大聲叫道：「吉姆！吉姆！」

很快的，「吉姆」（也就是加菲爾德將軍本人）就來開門讓我進去，於是我得以寫下美國最重要人物之一的傳記，但對他的鄰居來說，他只不過是一個叫「吉姆」的普通人。

★ ★ ★

在南北戰爭時，我手下的其中一位士兵被判處了死刑，於是我前往位於華盛頓的白宮——那是我這輩子第一次被派去見總統。我進到等候室，和許多其他人一起坐在長凳上，祕書問過一個又一個等候的人，讓他知道這些人有什麼事要面見總統。等祕書完全走過隊伍之後，他走進接待室，接著回到門邊向我打了一個手勢。

我進到接待室，祕書對我說：「總統辦公室的門就在那邊，先敲個門再進去。」

朋友，我這輩子從來沒有這麼驚訝過，從來沒有。祕書讓我覺得很糟，因為他告訴我該怎麼進去之後，就走進另一扇門、把它關了起來，我一個人被留在走廊裡，獨自站在美國最有權力的總統門前。

我曾經上過戰場，有時候砲彈確實會咆哮、有時候子彈也確實會打到我，但是我總是會適時逃跑。我並不同情誇口「只要一吃晚餐我就能馬上登上大砲砲口」的人——因為我並不信任一個連自己將要被射擊，都還不夠瞭解其危險性，以至於不知道要害怕的莽夫。

在安提坦（Antietam，美國南北戰爭中的第一場重大戰役發生的地點），即使砲彈就打在我們周圍，我也從來不曾像那天走進總統房間時那樣害怕。但我最後還是鼓起了勇氣——真不知道自己是怎麼辦到的，就在伸手可及的距離輕輕敲了門。

裡面的人根本沒有想要幫我減少恐懼，他大叫說：「進來坐下！」好吧，我走了進去，坐在一張椅子的邊緣，真希望自己那時身在歐洲。桌前的總統先生並沒有抬起頭。亞伯拉罕・林肯（Abraham Lincoln）是世界上最偉大的人之一，而且只靠一條法則就變得偉大——幾乎所有人都適用於林肯先生的法則，這法則是：**無論必須做的是什麼事，都要投入全副心力、堅持到底，直到全都完成。**

無論在任何地方，這個法則都足以讓一個人成就豐功偉業。

林肯總統堅持處理桌前的文件、沒有抬頭看我一眼，而我就坐在那裡顫抖著。後來，當他用繩子捆起那堆文件、放到一邊，抬起頭看著我時，臉上浮現了一抹笑容：「我是個很忙的人，只能空出幾分鐘。現在，用最簡短的話告訴我你想要做什麼吧！」

我戰戰兢兢的提起了那個死刑案件，總統說：「這我都聽說了，你不用再複述。史坦頓（Stanton，林肯總統任期間的美國戰爭部長）幾天前剛告訴過我這件事。你可以回到旅館並且放心，總統從來不曾簽過命令，要射殺一個二十歲不到的男孩，我也永遠不會這麼做，你可以這樣對他母親說。」

接著他問我：「戰場上的情況怎麼樣？」

我說：「我們有時候會很沮喪。」

他說：「沒關係，接下來我們就會獲勝了，我們已經非常接近光了。沒有人會希望自己成為美國總統，但我很高興自己經歷過這一切。之後塔德（Tad，林肯最小的兒子）和我就會前往伊利諾州的春田（Springfield），我們已經在那邊買下一座農場，我也不在乎會再度過著一天只賺二十五分錢的日子；塔德養了一群騾子，我們還要種洋蔥。」

接著他問我：「你是在農場長大的嗎？」

我說：「對，在麻州的波克郡（Berkshires）山區。」

總統把自己的腿放到大椅子的角落，說道：「我曾經聽說過很多次，在我還很小的時候，在那些山上，你必須讓羊的鼻子變靈敏，才能進到岩石之間的草叢。」

林肯先生實在很親切、很日常、很像農夫，以至於和他在一起，就覺得像在自己家裡一樣自在。

接著他拿起另一捲文件，抬頭看著我說：「早安。」我明白了他的暗示，於是起身走出門外。等我離開白宮，根本無法意識到自己剛剛才見過美國總統、最高的統帥。但是幾天之後，我在城裡看到人群穿越東廳，靠近亞伯拉罕・林肯先生的棺木，當我看著被謀殺的總統向著天空的臉龐，覺得就在短短幾天以前見過的這個人，是這麼簡單、平凡，是上帝在這世上創造的最偉大的人之一，為了要帶領一個國家迎向最終的自由。

當他們舉辦第二場葬禮時，我和其他人一起受邀參加，並且去看總統的棺木被放回春田市的墳墓中。在墳墓周圍站著林肯的老鄰居們，對他的鄰居來說，這個人只是「老亞伯」。

小人物的大發明

你曾經看過某個人趾高氣昂的到處走、過於自大而無法注意身邊正在工作的平凡技工嗎？你會覺得這種人很偉大嗎？我覺得此人只不過是個自我膨脹的氣球，然後又被自己的一雙大腳踩住，其中並沒有任何偉大的地方。

那怎樣的人才是偉大呢？

前不久，我又注意到一件非常小的訊息，那是一個窮人發大財的故事。他雖然不是偉大的發明家或是天才，卻發明了安全別針，而且靠著這項發明，賺到了相當於美國最大的貴族世家的財富。另外一個故事發生在麻州——

有一個在釘子工廠工作的窮人，在三十八歲的時候受了傷，從此只能賺到微薄的收入。他被一間辦公室雇用，負責擦掉帳單上鉛筆做記號所留下的痕跡。

一直以來他都使用橡皮擦擦拭帳單，因此手常常很痠。於是他把一塊小橡皮擦綁在一根棍子的尾端，像用刨子一樣的擦拭帳單紙面。

他的小女兒走過來說：「爸爸，你有申請專利對吧？」

這個父親被女兒點醒，第一次想到自己可以申請專利，於是跑到波士頓的專利局去申請。今天你們每個人口袋裡都有一枝加上橡皮擦的鉛筆，正是向那位百萬富翁「進貢」。他沒有資金，根本沒有投資一毛錢，但收入依舊隨著產品銷量滾滾而來，一路通往百萬富翁。

偉大成就其實很簡單、很平凡、很實際。

讓世界因為你而更棒

你什麼時候才要變偉大？

我從來沒帶著閃亮的劍，
對我的軍隊大叫說「衝啊」，
你們以為我會跑到士兵前面，
在前方被敵人攻擊嗎？
那並不是軍官該站的位置……。

講到現在，我要進入到理念之頂端、核心——這也是我努力了這麼久的中心思想，至關重要。

以自己的城市為榮

「讓我看看住在費城的偉大男女，」一位紳士站曾說，「費城沒有任何偉人，偉人不住在這裡，他們遠在羅馬、聖彼得堡、倫敦、馬納永克（Manayunk），或是其他地方，就是不在我們的城鎮裡。」

為什麼費城不是一個偉大的城市、無法擁有巨大的財富？為什麼紐約就一定勝過費城？有人會說因為紐約有港口，那為什麼美國其他的城市也超越費城？難道那些城市都有港口嗎？

所以唯一的答案是——因為這裡的市民看不起屬於他們的城市。

如果地球上有哪個社會必須被推著往前走，那就是費城。如果想要建一條大道，會出現嘲諷的聲音；如果想要蓋更好的學校，會聽到噓聲；如果想要有明智的立法，會有人投反對票——對於提出的任何改善方案，總是會有人舉手說不。

是時候了，讓我們轉換方向，開始讚揚這個城市裡的事物，像芝加哥、紐約、聖路易和舊金山的市民一樣，**把自己的城市放在世界面前！**只要我們可從身為市民的自己身上萃取這精神，就可以在費城做任何事，還可以做得很好！

來吧，數以百萬計的費城人，相信上帝和人民，也相信絕佳的機會就在這裡，而不在紐約或波士頓。做生意的機會、好好生活的機會，最好的機會都在這裡，不在他方，就讓我們開始讚揚自己的城市吧。

15 致富祕訣

讚揚自己城市裡的人事物，相信絕佳的機會就在這裡，不在他方。

有位年輕女性跟我說：「未來費城將會出現一個偉人，但是目前還未出現。」

「哦，是這樣嗎？**那你什麼時候才會變偉大？**」

「等我選上公職、進入政府的時候。」

年輕人，你難道沒從政治的入門書裡學到教訓嗎？

偉大的人有時候會擔任公職，但這個國家需要的是一個會聽從民意去做事的人。

美國是一個人民統治的地方，政府受人民支配、為人民著想，因此擔任公職者只是人民的僕人，而《聖經》上說，僕人不能大於主人；《聖經》上還說，差人不能大於差他的人。因此，我們不需要偉大的人擔任公職，如果美國由偉人擔任公職，就會在下一個十年變成一個帝國。

現在女性有了選舉權，許多年輕的女性會說：「有一天我要當美國總統。」我相信女性的選舉權，而且毫無疑問那一天即將來臨，但我想在這裡說，如果你們只取得投一次票的權利，將不會獲得任何有價值的東西。除非你可以掌握不只一張票，否則將會沒沒無聞，影響力也會跟著消除，以致幾乎無法被感受到。

這個**國家並不是由投票機制運作的，它其實是受「影響力」支配**，是由抱負及可操控選舉的企業所支配，那位覺得自己為了要擔任公職而得參加選舉的年輕女性，其實正犯下一個致命的大錯。

另一個年輕人站起來說：「美國以及費城，將會出現偉大的人物。」

「是這樣嗎？什麼時候？」

「等到出現一場很大的戰爭，等到我們陷入困境、熬過墨西哥虎視眈眈的監視，然後因為某些微不足道的爭端和英格蘭、日本、中國等遙遠的國家開戰。那時我會走到砲口前，掃過閃閃發光的刺刀，跳進戰場裡，拉下旗幟、以勝利之姿奪走它。我會帶著肩上的星星回家，接受國家的贈勳、擔任每一個公職，而且我會變得很偉大。」

年輕人，你以為擔任公職才會變偉大，這是個謬誤。請務必記得，如果一個人不能在獲得公職之前就表現卓越，那麼等到他到政府任職時，也完全不可能突然就變成「偉人」。

16 致富祕訣

要有「英雄創造時代」的心態，而不要痴等「時代創造英雄」。

在美國與西班牙戰爭（Spanish War）結束之後，我們曾經在費城這個城市裡舉行過一場和平慶典（Peace Jubilee）。但是西部（費城位於美國東部）的人並不相信，因為他們認為，應該要等到五十年之後，封閉的費城人才會聽過任何與西班牙戰爭有關的事。

相信你們當中有人曾看過在百老街上的遊行隊伍，當時我不在，家人寫信告訴我，載著霍布森上尉（Lieutenant Hobson）的四輪馬車就停在我家前門，圍觀的民眾大喊著：「霍布森萬歲！」如果我當時也在場，一定會跟著大喊，因為比起他已接受的功勳，這個英雄值得人民致上更多的推崇。

但話說回來，假設我去學校問學生：「是誰在聖地牙哥弄沉了煤船梅里馬克號（Merrimac）？」

如果男孩們的回答是「霍布森」，那他們就是在說一個「八分之七」的謊話。因為那艘船上明明還有其他七位英雄，而且他們由於職位的關係，一直暴露在西班牙的砲火攻勢下，霍布森身為一位軍官，則可能很合理的躲在砲火後頭。我相信聚集在這裡的你們都是最聰明的知識份子，然而，在場應該沒有人有辦法叫出這七個無名英雄的名字。

說真的，我們不應該這樣教歷史，應該教育大眾，無論一個人的出身及地位有多卑微，只要他在自己的崗位上盡了全責，就有資格接受國人的敬意，就像是坐在寶座上的國王一樣。但現在普遍的說法是，由將軍一人打贏了所有的戰役。

17
致富祕訣

無論一個人的出身及地位有多卑微，只要他在自己的崗位上盡了全責，就有資格接受大家的敬意。

在南北戰爭結束後，我跑去拜見勞勃・李將軍（General Robert E. Lee），那是一位很偉大的基督徒紳士，現在不管是南北兩大陣營，都以此人生為美國人，而同樣感到驕傲。

將軍曾跟我說起他的僕人「小黑」，小黑是個應募入伍的有色人種士兵，有一天，他故意嘲笑小黑說：「我聽說你其他的同伴都陣亡了，那你怎麼還沒死？」

小黑眨著眼睛對他說：「因為每當有任何戰鬥進行的時候，我都會和將軍一起退到後面啊！」

要成為一個發光者

有人對我說：「你的頭髮並不花白，你日夜工作、似乎從來沒有休息，所以不會變老的。」但是當我閉上眼睛，就像跟我同年齡層的人一樣，愛人和多年以前失去的人的臉龐，會成群結隊的出現在眼前，而我知道，不管別人怎麼說，我都已經到了遲暮之年。

現在我閉上眼睛，回頭看我在麻州的老家，我會看到在山頂上的家畜展覽會場地，可以看到在那裡的馬棚。我可以看到公理宗（Congregational）教會，看到市政廳和登山小屋，看到一大群人出席、打扮得很華麗，我還可以看到旗幟飛揚、手帕揮舞、聽到樂隊演奏，以及一群再次入伍的士兵走上家畜展覽會場地。

當時的我不過是個男孩，但卻是那群士兵的隊長，並且像顆吹飽氣的氣球一樣洋洋得意，光是一根細小的麻紗針就會把我扎成碎片……，如果你想成為國王或皇后，就去接受市長的款待吧，年輕的我認為這是全世界最盛大的活動了。

樂隊繼續演奏，所有人都出席來迎接我們。我走上那塊公地，相當得意的走在軍隊最前面，然後轉向進入市政廳。接著他們安排我的士兵們坐在中間走道，我則坐在前排的位置。有一大群人、大約有一兩百人左右，坐滿了市政廳，於是士兵們只能到處站著。

接著，鎮上的官員們進場、排成一個半圓。市長坐在舞臺中央，他是個過去從來不曾擔任公職的人，但他是個好人，而且他的朋友告訴過我，市長認為從事公職會讓一個人變偉大。

市長走上臺、坐在他的位置上，調整他那副有力的眼鏡、四處張望，這時他突然看到我坐在前排的位置，於是向前走上講臺，並且邀請我過去，和官員們坐在一起。

從軍之前，鎮上的官員從來沒有注意過我，除了建議老師要好好教訓我以外，沒有其他。而我現在卻被邀請上臺，和官員們一起列席。我的天啊，市長當時就像是皇帝，是國王！

當我走上講臺時，他們給了我一張椅子，等我坐定之後，市鎮管理委員會的主席站了起來，向前走到臺前，我們都以為他會介紹公理宗的牧師，那是鎮裡唯一一位演說者，應該是由牧師對歸來的士兵發表演說，但令人驚訝的是，這位老傢伙竟然打算由自己來當演講者！

他這輩子從來不曾當眾演說，一個小時候不願意學習怎麼清楚表達想法的人，卻希望長大之後可以成為演說家，這位老先生似乎認為，只要擁有了公職，就能「自動」成為偉大的演說家，他跟其他數百人一樣，陷入了一個錯誤的迷思。

他走向臺前，帶著在牧場裡到處走動、用心練習的講稿，為了反覆背誦可能還驚動了牛群……。他帶著稿子上臺，攤開在講臺上，以確保演講時可以閱覽。然後調整了眼鏡、低頭看了講稿一會兒，接著走回到講臺上……。

他一定花了很多時間研究這個主題，因為他擺出了一種「朗誦式」的態度：把大量的重心放在左邊的腳後跟，將肩膀往後移，稍微讓右腳往前移動，開啟演說的機關，然後用五十五度角讓右腳向前移動——當他帶著朗誦的態度站著時，這就是演說進行的方式。

有些人會問：「你難道沒有誇大嗎？」那是不可能的。我說這件事是為了當中隱含的教訓，而不是為了說故事。

「各位市民——」他一聽到自己的聲音，手指就開始像聲音一樣搖擺，膝蓋也開始顫抖，接著，全身都開始發抖。他說不出話來、吞了吞口水、走向臺前看著講稿。接著他打起精神、握緊拳頭繼續說道：

「各位市民，我們都是市民，我們都……我們都……我們都……很開心，可以歡迎這些歷經戰爭、流血的士兵回到自己的故鄉……並再次回到他們自己的故鄉。我們特別……我們特別……我們特別高興看到今天和大家一起的這位年輕英雄（指的是我）……可以想見（朋友們，請記得這是他說的，如果他沒有說『可以想見』，我也不至於自大到敢提起這件事），這位年輕英雄……我們看他帶領……帶領……帶領他的軍隊對抗致命的叛亂。我們看他閃亮的……我們看他閃亮的劍……閃著光芒……在陽光下閃著光芒，當他對他的軍隊大叫說『衝啊！』的時候——」

哦，天啊，這個好人對戰爭的了解還真少！G. A. R.（Grand Army of the Republic，

南北戰爭國民軍退伍軍人聯合會）的夥伴可以告訴大家一個事實：若步兵軍官在危急時刻跑到他的士兵前面，幾乎等同於犯罪。

我從來沒帶著閃亮的劍，對我的軍隊大叫說「衝啊」，你們以為我會跑到士兵前面，在前方被敵人攻擊、又在後方被自己人夾擊嗎？那並不是軍官該站的位置。

在實際的戰場上，軍官該站的位置是在隊伍後頭。身為一個參謀軍官，當我們的人突然被召集進入戰鬥隊形，叛軍的叫喊聲從樹林裡傳出來時，我常得騎馬沿著隊伍一路叫喊：「軍官退到後面！軍官退到後面！」接著每一位軍官就會退到普通士兵的隊伍後面，軍官的階級愈高，就會退得愈後面。不是因為軍官比較懦弱，而是戰場上的規定就是如此。

在那會場裡坐著我的士兵，打仗時一路抬著還是男孩的我越過卡羅來納州的河流，好讓我的腳不會弄濕。他們當中有些人跑到很遠的地方去抓豬或是雞，給大家果腹；有些人在田納西州的山區樹林下死去……

那位好好先生的演說中，幾乎沒提到這些士兵的名字，就算有也只是順帶一提。那時最重要的英雄是身為軍官的我——國家有特別虧欠我什麼嗎？沒有，那為什麼只特別褒揚我呢？

因為那位演講者落入了同樣的人性錯誤：一個人之所以偉大是因為他是個軍官，而其他人只是普通士兵，他們的英勇行為就被遺忘了。

當時我學到了一個畢生難忘的教訓——**偉大並不在於未來得擔任某些公職，而在於利用一些微不足道的小方法做到偉大的行為，以及透過生活裡最普通的階級，達到具有極大目的的成就。**

要完成不平凡的事，你必須先在此時、此刻、在費城，就變得偉大。因為有你，所以這座城市有更棒的街道、更好的人行道、更好的學校和更多大學、有更多快樂和更多文明設施、更多與神同在的人……，這樣你就能在任何地方變偉大。

也許你們不會再有機會聽到我的演說，所以就在此時此刻，好好記住這一點：想要當個非凡的人物，得從自己所在的地方、現在所做的工作開始。

18 致富祕訣

想要當個非凡的人物，得從自己所在的地方、現在所做的工作開始。

為自己的城市帶來祝福、當個好市民、創造更棒的家園，無論你是在店裡工作、正坐在櫃臺後面或在管理家務，都要成為一個能祝福世界的人；無論你原來的生活是如何，就算你志在他方，也必須先在自己的城市裡成為一個發光者。

請先在自己的城市裡成為一個發光者。

特別收錄

作者小傳

自傳

讓童話故事成真的康維爾

「我所寫的是一個非凡、充滿力量、主動積極、具備意志、堅持不懈的人；他能夠做遠大的計畫並實現，不只做到自我實現，更重要的是，不斷鼓舞別人！我要寫下的是羅素・康維爾一生的故事。

並非因為他是個牧師，羅素・康維爾才能對世界發揮這麼大的影響力，他會成為牧師是因為他真心相信主，認為自己以一個牧師的身份，在世界上能夠做的事將會比擔任其他任何職位要來得更多。因此可以說，重點並不在於他是個牧師，而是——他是他自己！」

羅伯特・薛克頓是康維爾博士的追隨者，他在一九一五年夏天採訪了博士，地點就在博士舊家的農場。寫下這幾頁時，康維爾博士還活著、並積極的工作。因此，比起任何以過去式寫下的文字，此篇更真實的描繪出他的個性。

★ ★ ★

羅素・康維爾出身自農家，他的家鄉是一個佈滿岩石的地區，從小就是孩子王。投身學校教育時，他贏得學生的愛戴；轉行當報社記者時，他獲得了名聲；參與美國南北戰爭時，他一路升到重要的軍階；當律師時，他的執業量很大；轉身成為作家後，寫下大量暢銷的書籍；後來他離開法律界成為牧師，並從無到有創辦了一間偉大教會，一直擔任積極的領導者。

在大眾心中，他是世界上最受歡迎的演說家，每年會對上千人演講。他是「鑽石遍地」理念的發現者，透過推廣這個理念，上千位男女得以脫離失敗、貧窮，獲得成功的人生。

現在的他還是兩家醫院的院長，其中之一是他自己創立的，已經照顧過許多病人，不分貧富、種族或信仰。他是一間學校的創辦人兼校長，目前已經擁有成千上萬的學生。雖然他的家鄉在費城，但是美國各州的任何角落都聽過他的名聲，而且不管在哪裡，他都有許多朋友。他畢生都在幫助且激勵別人。

很偶然的，就在昨天，當時我並沒有想到康維爾這個人，我拿起了小說家威廉・迪恩・豪威爾斯（William Dean Howells）寫的一本白描小書，恰恰好翻到某一章，講述列辛頓（Lexington，革命中的舊列辛頓）的頁面，書裡面描述完城鎮本身、過去長期的戰爭、還有當代觀點之後，提到了當地的教會生活，並說在浸信會發生了驚人進步——在一位平信徒牧師（未被授聖職的牧師）帶領下，他們剛剛從瀕死的分裂中復原，並變得興盛，這位牧師過去曾是南北戰爭中北方聯邦軍隊的上校。後來我發現，這段對前上校與前被授職平信徒牧師的描述，我早就從康維爾教授的口中聽說了，他曾告訴我在那個小小的舊革命城裡的寶貴經驗。

豪威爾斯在書中提到，上校的成功在於改造教會，讓它對年輕人有吸引力。豪威爾斯沒有再提起這個人，很顯然他不曾聽過康維爾的演講，只是我不禁會猜想，他是否曾把列辛頓那位平信徒牧師和近幾年很有名的羅素・康維爾聯想在一起！

沒錯，羅素・康維爾對年輕人有吸引力，這不僅在過去的列辛頓重要，在當今世代一樣重要，同時，他也吸引著老年人的注意，這就是力量之所在，他讓自己的教會變得有趣、講道變得有趣、演講變得有趣，其實他本人就很有趣！**正因為他是個有趣的人，所以能得到眾人廣泛的注意，於是，他才能夠激勵別人。**

遇見廢奴主義者的少年

傳記可以超越日期，畢竟，日期只是人生路上的里程碑。康維爾這一生活到八十二歲，為了利益同胞，每天工作十六小時。他生於西元一八四三年四月十五日，出生在麻州東波克郡一間低矮的小屋裡，一個貧困的家庭。

「我是在這房間裡出生的。」他對我說。

那時他已經買回了父親原有的那座佈滿岩石的農場，保留並修復了這個小小的舊家。當我們一起坐在小屋的舊壁爐前時，他侃侃道出了自己的童年往事：「當時這裡是臥室和廚房，那個時候我家很窮。」

接著他的聲音就隨著某種嚴肅的感覺一沉，陷入了沉默。

他約略提起過去那多年的艱困生活，然後我們走出去站在走廊上，在夜幕低垂中，向外看著他年少時所面對的山谷、溪流與山丘。他談起了自己的祖母，當年有一位年輕的馬里蘭州人（Marylander）造訪了這個地區，發生了一個激烈的愛情故事，祖母與那男人不顧父母的阻礙，匆促地想要結婚，而另一位求婚者殺出來競爭，對這位馬里蘭州人施以致命性的攻擊。

「為什麼祖母這麼常哭？」他還記得自己還是小男孩時曾這麼問，大人們回答，那是為了哀悼她年輕時的丈夫。

我們回到小屋裡，他帶我去看他第一次見到約翰・布朗（John Brown，美國有名的廢奴主義者）的房間。

「有一天早上我很早就下樓，看到一個高大、毛髮旺盛的男人，四肢大張、橫躺在那張床上，當時我嚇壞了。」他回憶著。

但約翰・布朗並沒有驚嚇他太久，因為在那之後，有大半時間約翰都待在房子裡，而且對羅素兄弟非常友善。

約翰總是帶著無比的耐心，例如他教導康維爾家的老馬，要在送男孩們到學校之後，再獨自拉著馬車走一哩路或是更遠回家，到了放學的時間，再以輕柔的小跑步去接孩子，這時候沒有人在駕車，因為只需要找對方向，命令馬兒起步走就好！康維爾還記得，在訓練馬的時候，約翰・布朗會很有耐心的走在馬的身旁，控制牠的行進與轉彎，直到馬兒準備好完全靠自己行走且轉彎。

康維爾的家曾是地下鐵的其中一站，當他還是小男孩時，看到父親驅策著逃跑的奴隸穿越鄉間、暫時躲起來。「那真是史詩一般英勇的日子，」他安靜的說，「而且偶爾父親會讓我跟他一起去。那真是驚異非凡的夜間駕駛經驗：畏縮的奴隸、黑暗的馬路，這一切是如此戒慎、寂靜與恐懼。」

這條地下鐵路線，在他記憶裡是從費城通往紐哈芬（New Haven），再接到春田，康維爾的父親會在那裡負責接手黑奴，之後再輾轉往貝洛斯瀑布（Bellows Falls）和加拿大。

康維爾也曾說起，在山丘上的小屋遇到了黑人演說家弗雷德里克・道格拉斯（Frederick Douglass）的經驗。「我從來沒看過我的父親（他的父親是個白人），」道格拉斯有一天對康維爾說，「我也不太記得我母親，除了有一次她試圖阻止一個監工鞭打我，結果鞭子劃過她自己的臉，她的血全濺在我身上。」

「約翰・布朗被逮捕的時候，我父親試圖賣掉這個地方好換些錢送去，幫他請個律師辯護，但是沒有成功賣出，於是在行刑那天，我們嚴肅的跪在這裡，從十一點到十二點，一直禱告，安靜的禱告，希望約翰・布朗的靈魂能安息。在那個時候，我們知道其他人也在禱告，因為那整整一小時期間，教堂的鐘聲不斷響起，那令人驚訝的鐘聲悲傷的響遍了周圍的山丘。」

康維爾相信，他的真實人生得追溯到南北戰爭的發生——戰爭的爆發就在眼前、歷歷在目且強烈的展開，強化了他堅強而深刻的性格。他其實是一直始終如一的，鄰里間常常轉述著他孩提時候的英勇事跡：不顧危險的行動、超高的游泳技術、救了許多條人命，他的力量和忍耐力都超乎常人。

他曾在一個寒冷的冬天夜晚、跳入黑暗中拯救鄰居的牛群；身為軍官卻依然會為士兵服務，他分享自己的口糧、毛毯，並冒著自己生命的危險，悄悄潛入沼澤，在危機中拯救一位迷路受困的士兵……。

康維爾之所以具備著如此非凡的性格，或許可以透過他的家世來追蹤。他從父親身上繼承了實事求是的性格、自祖母那兒遺傳了浪漫精神，還有來自母親的夢想家特質——他母親是一個務實且努力工作的新英格蘭女性，並且深受神祕主義的影響。

康維爾是個夢想家，**正因為他愛作夢、而且能夠具體想像他的夢想，才能夠計畫出別人不可能做到的事**。他還有極度實際的一面，擁有強大的效率、力量、技巧，具備無比的耐心、認真、卓越的掌控能力，使他的願景從來不是幻想，夢想都能成真。

1 成功祕訣

具體想像你的夢想，具備無比的耐心、認真、卓越的掌控能力，並運用各種效率、力量、技巧，讓夢想不是幻想，而能成真。

一把劍的故事

佈滿岩石的山丘意味著生存中將充滿困境的掙扎、逃亡的奴隸、廢奴主義者約翰・布朗，林林總總的這些，對一個年輕人來說是最好的、潛移默化的教育。

那時所謂的學校，是裡面只有一間房間的小校舍，年少的康維爾在學校受到一位老師的照顧——他發現這個男孩不尋常的能力，因此給他極為特別的幫助。接著有一位明智的鄉下牧師也發現了康維爾，力勸他的父母要讓他繼續受教育，於是他們竭盡努力，把年少的羅素送到威布萊翰學院（Wilbraham Academy）。

康維爾很喜歡講述在威布萊翰學院的生活、講述自己不怕困難的精神，還有每個週末都能收到家裡寄來的餡餅和蛋糕的喜悅！他還說到自己是如何跑到路上挨家挨戶的賣書，熱切的渴望閱讀手上拿到的樣本書內容。「這些書是我學習的基礎，」他嚴肅的說，「它們給了我一個寬廣的世界。」

西元一八六〇年，他進入耶魯就讀，但是戰爭爆發擾亂了大學生涯，他隔年就加入了軍隊，但當時他只有十八歲，由於父親堅決反對，他只好回到耶魯繼續學業。過了一年他再次從軍，而且來自波克郡鄰里、同樣從軍的同袍，堅持要他擔任隊長。

安德魯州長（Governor Andrews）接受了大家的懇求，同意任命這個十九歲的少年，很顯然他是個天生的領袖，於是同鄉們自由樂捐，送了一把劍給他，那把劍閃爍著金色光芒，而且在劍身上還用莊重的拉丁文寫著——「真摯的友誼永恆不朽」。

那把劍上面有著羅素‧康維爾這一生最鮮明、也最重要的經驗。

現在，那把劍掛在康維爾位於費城家中的床頭，當我們一起站在那把劍前面時，他告訴了我這個故事：「這把劍對我來說意義非凡。」他喃喃自語，克制著情緒，一切好像昨天才剛發生似的鮮明、生動。

「在波克郡有個男孩，是一個鄰居的兒子，叫做強尼‧林（John Ring）。我們都叫他男孩，因為他身材矮、發育不良，所以他沒有辦法從軍。

但基於某些原因，他對我很忠心，而且他不只想從軍，還想要加入我擔任隊長的砲兵部隊。我只能讓他當我的僕人，其實我並不需要僕人，但那卻是帶可憐的小強尼‧林入伍的唯一方法。

強尼非常虔誠，而且每天晚上睡前都會讀《聖經》。當時我是個無神論者，或至少我認為自己是，於是常常嘲笑林，他因而跑去帳篷外面讀《聖經》，沒有停止，同時他對我的忠誠也未曾改變。

那把劍的劍鞘就規定來說太亮了，因此我無法佩帶它，只能佩帶比較不顯眼的劍去執勤，並把這把劍掛在我帳篷的篷杆上，而強尼・林一直好好的保養著它，讓它保持閃閃發光。對林來說，劍代表的不只是我，還包括了戰爭的榮耀。

有一天，邦聯（Confederacy，美利堅邦聯，美國南北戰爭中代表南方的參戰政權）突然轟炸我們在新伯恩（New Berne）附近的位置，並且橫掃營地，驅使我們整個軍隊正面迎戰，所有士兵，包括我自己的部隊，都匆忙撤到河的對岸，一邊走、一邊在一座綿長的木橋上升火。火勢很快就愈燒愈烈，變成邦聯軍隊無法越過的障礙。

但是，大家都不知道、也沒有發現，強尼・林竟然穿過邦聯軍隊回到我的帳篷，從篷杆上拿下我那把發亮、擁有金色劍鞘的劍。拿著那把對他來說很珍貴的劍，他到處閃避，設法在橋開始起火之前跳上去——他穿越那座橋，火勢愈演愈烈、煙霧也愈來愈濃，他緩慢且蹣跚的前進，有幾秒他會倒向橋邊努力吸取空氣。

兩邊的軍隊都看著他在危險中前進，火勢已猛烈到讓兩邊軍隊都無法靠近河岸。這時，有位邦聯的軍官跑向水邊，揮舞著白手帕，有部分火勢因此而被撲滅了。正當林即將跑到橋上最危險的部分時，那位邦聯的軍官大叫道：『叫那個男孩回來！跟他說只要回來，我們就讓他自由離開！』

熊熊的火勢如此靠近林，以至於他聽不到來自河岸的呼喊，他絕望的往前跑，消失在被火覆蓋的區域。

除了火燒的霹啪聲，當時是一片死寂。沒有人叫喊，所有人都帶著絕望的期盼等著。接著北軍和南軍都同時發出巨大的慘叫，因為強尼・林爬出了火海，他的衣服都著火了，接著他就倒下、掉進淺水中，過沒多久他就被拖了出來，已經不省人事，被緊急送到醫院去。

他撐了好幾天，一直不省人事，接著他醒了過來，在發現用自己的生命去保護的劍就放在身邊時，他笑了，他把劍抱在懷中、靠近胸口的地方，最後，他對我說了幾句遺言，就這樣去世。」

當這個故事快到尾聲的時候，康維爾的聲音已經變得很低沉並顫抖著，這個回憶對他來說歷歷在目，他的眼神變得溫柔，嘴唇形狀變得更加堅定。接著他陷入沉默，儘管他向下看著百老街擁擠的人潮，但很顯然他並不是在看著眼前這一幕，那隆隆的喧鬧聲有如遙遠過去的槍聲。

當他再次說話時，語氣中還帶著一種緊張的感覺。

「當我站在強尼・林的屍體旁邊，意識到他是為了對我的愛而死，我就發了一個誓言，這成就了此生。我發誓從那一刻起，不只要為自己活著，還要連強尼・林的份一起活著。所以從那一刻起，我每天都工作十六小時，八小時是為了強尼・林，八小時則是為了我自己。」

一種神祕的語氣已經滲入他的聲音中，就像一個賽跑快跑到終點的人，已經打過了美好的仗、快接近戰爭尾聲的人。

「每天早上起來的時候，我會看著這把劍，或者我不在家的時候，我總會想起這把劍，並且又一天重新發誓，要看到自己已經工作了十六小時。」

認識羅素・康維爾的人大部份都會發現，從來沒有人像他一樣，如此認真且不斷的工作。

「因為強尼・林的忠誠及生命，讓我變成了基督徒。」康維爾沉靜的說。

在波克郡有一座偏僻的小墓園，那是座落在一個被風吹過的山丘上，一塊小小的墓地，距離康維爾的老家約幾哩遠。在這個與世隔絕的墓園裡，草叢、樹藤和雜草叢生，有幾棵樹帶來了宜人的樹蔭，在荒涼且孤獨的美麗中，這個被樹木覆蓋的山丘綿延好幾哩。而在那個孤獨的小墓地裡，我發現了那顆沒有多加修飾的石頭，標示著強尼・林的長眠之地。

有正義感的律師

最近我聽到一個紐約人，一家大公司的總裁說：「我認為羅素．康維爾所做的好事，比起耶穌基督降生後的任何人所做的都要來得多。」他是帶著認真且不誇大的熱誠這麼說的。

然而康維爾並不是一帆風順的投入他的終身工作，或許還顯得有點失敗——一直到快要四十歲時，儘管他在事業上已有些許成就，但並沒有確定一條明晰的人生道路。

他焦躁不安的往西走，建立家園，接著再焦躁不安的回到東方。戰爭結束之後，他當過牧師、演講者、編輯、環遊世界擔任新聞記者，他還寫書。他不斷賺錢，又把錢花掉，曾經因為火災、錯誤投資、幫助朋友而賠錢。或許是因為戰爭本身帶來的混亂效應，讓他的生活一直處於變動與破壞之中。

但不管怎樣，那充滿動盪與變化的幾年，對他來說是非常重要的，正因為當時的許多經驗，奠定了未來康維爾時代的基礎。在國外，他遇見了世界各地的顯要人物；在家鄉，他認識了一大群朋友和忠實的追隨者。

當律師時，康維爾會保留幾小時的諮詢時間，給那些窮到無法付任何費用的人，而且他還擔任過六十個孩子以上的監護人！請注意，他從來不會承接自己認為不義的案件，無論是民事或刑事。這是他的基本原則，他無法也不願意為不義的一方辯護。唯有當他的當事人是正確的時候，他才會勇往直前！

成功祕訣 2

不要承接自己認為不義的案子。

然而說到這時期的經歷時，他笑了起來，講起自己有一次被騙，他為某個被指控偷了手錶的人辯護，那個人看來如此無辜，以至於他憤慨不平的接下這個案子，想要讓那位年輕的朋友獲得無罪的宣判。

後來，那個年輕人卻來到他的辦公室，羞愧的拿出手錶：「請你把這支錶還給它的主人。康維爾先生，我要謝謝你讓我無罪，希望你能原諒我欺騙了你，我不會因為沒去坐牢就變得更壞的。」

康維爾認為，那個年輕人完全符合了「無罪」的宣判，而他也因此感到驕傲。康維爾的決定激發了這年輕人的誠實本性，他一直都是一個善於激勵別人的人！

林肯總統的啟發

康維爾的情感豐富，這讓他特別喜愛偉大、驚人、愛國的事蹟。他深深受到約翰・布朗的影響，而且對於林肯的記憶相當深刻，儘管他總共只見過林肯三次。

他第一次見到林肯，是在這位未來總統的演說發表上，本場演說在紐約的柯柏聯盟學院（Cooper Union）舉行，後來變得非常有名，但當時林肯的名字很少為人知曉，洽巧的是，年少的康維爾那天剛好在紐約，而且知道來自西部的亞伯拉罕・林肯要發表演說，於是他就去聽了。

他描述林肯在穿著上非常不修邊幅，其中一隻腳的褲管甚至比另一隻褲管還要高，而且演講一開始顯得既笨拙又糟糕，林肯似乎很尷尬。於是，那場會議的主席給了林肯一杯水，康維爾還以為那是主席的好意，讓林肯不至於崩潰。但就在這時，林肯突然變成了一個脫胎換骨的人，他似乎對自己短暫的尷尬感到羞愧，因此振作了起來，把已經準備好的講稿丟到一邊，即席演講，聲音自由且有力量，帶著絕佳的堅定，就像是個天生的演說家，對康維爾來說，那真是一次棒極了的經驗。

第二次見到林肯，是在他前往華盛頓為一個士兵求情的時候，這人因為站哨時睡著而被判了死刑。他那時還只是個隊長（還沒被升為少校），因為要見林肯而感到恐懼，即使到現在他講起這件事，聲音還是會有些顫抖。

他擔心林肯會忘了這個年輕的士兵，無法及時阻止死刑的執行，但林肯用鏗鏘有力的聲音向他提出保證，說自己從來不曾簽過授權令射殺一個二十歲不到的男孩，而且永遠不會這麼做。那是第一次也是唯一的一次，和林肯總統談話，直到如今依然是他畢生無法忘記的印象。

第三次見到林肯，是當他擔任值日軍官的時候，當時總統的遺體被安放在華盛頓供人瞻仰，他在旁邊站了好幾個小時。他筆直的站著，看見悲傷的人群也不斷來來去去，一個巨大的畫面浮現在康維爾的腦中——林肯總統過世了，但他畢生的作為與所堅持的價值，以及與他那一席簡短而平易近人的談話，將永遠的留在康維爾心中，不會褪去。

成為一名牧師

在列辛頓，康維爾做出重大的人生決定，我覺得正因為那是列辛頓，是勇敢的舊列辛頓、激勵人心的列辛頓，讓他深受鼓勵，所以才會有如此石破天驚的決定，如果是在其他比較平凡的地方，或許他就不會走上那重要的一步。

「當時我已經快要三十七歲，還在波士頓擔任律師，」他緩慢的回憶著，「有一位婦女過來想聽聽我的建議，他們得賣掉一間位於列辛頓的教會，因為會友已經無法再支持教會的營運了。

我過去查看那個地方，深深覺得可惜，這間小教會竟然要被放棄！於是，我建議舉行一場教友的會議，而且我也參加了那場會議。我向他們說明這個情況（參加的人數很少），當時現場是一陣沉默。

有個老人站起來，帶著顫抖的聲音說，除了賣掉教會外，他們什麼也不能做，他會和其他人一起同意這件事。但這個教會是他從小的母會，所以他一直顫抖、不斷顫抖，請求大家能夠諒解他不能實際參與賣掉教會的行動，因為這太令人感傷了！帶著深刻的沉默，他蹣跚的走出會場。

在場的男女互看彼此，大家都很沉默、很深的悲傷著，但卻不知道該怎麼做。我問他們：『各位，到底是為什麼，不能重新經營教會呢？』

『教會的建築已經搖搖欲墜而無法再使用了。』其中一個男性悲傷的說。我知道他說得沒錯，因為我已經去看過了，但是我接著說：『我們明天早上在這裡再碰面一次，靠自己的力量修復這棟建築，然後在下星期讓它恢復成能做禮拜的狀態吧！』

這番話顯然讓當地居民很高興且受到激勵，因此我自信的認為，這展開了一種新的可能，以致沒有懷疑過當天出席的人隔天早上會不會再出現。

隔天我很早到，帶著一把槌子、還有斧頭和橇棍，準備開始工作——但是等了又等，卻沒有其他人出現！」

容我在這裡打岔一下，當那些表現有興趣的當地人最後沒能共襄盛舉時，一個心胸比較狹窄的人此時會立刻放棄整件事，但是康維爾有一個最強烈的特質，就是**他能讓抱持懷疑態度和懦弱的人加入行動、甚至能夠讓那些已經放棄的人重燃希望。**

「我大略查看了那棟建築，」他繼續說道，「而且明白修復工作確實是不可能的。除了重新蓋一間新教會，什麼也不能做！於是我拿起帶去的斧頭，開始劈下教會的外牆。過沒多久，有一個並不是會友的路人，走了過來，他看了我一會兒之後問：『你打算在這裡做什麼？』

我馬上回答：『我要拆掉這棟舊建築，在這裡蓋一棟新的教會！』

他看著我：『但是人們不會幫忙的。』

『不，他們會的。』我說，興高采烈的繼續我的工作。於是他又看了我幾分鐘說：『好吧，你可以記下我捐一百美元建新教堂。今晚到我的馬房來拿錢吧。』

『好，我一定會去的！』我回答說。

過了一會兒，又有一個人走過來、停下來，他嘲笑著有關於蓋新教會的想法，當我告訴他那個開馬房的人要捐一百美元，他說：『但是你還沒拿到錢啊！』

『對，』我說，『但我今晚就會拿到了。』

『你永遠不會拿到的，』他說，『他才不是那種人，他甚至不是教會裡的人！』但我只是平靜的繼續工作，沒有回答。過沒多久他離開了，不久後他卻打電話回來說：『好吧，要是他真的給了你一百美元，就來找我，我會再給你一百美元。』

結果那兩個人都付了錢，而且還有教會的會友，一開始大家不太相信我會那麼認真，但當他們看到我的決心之後，也跟著加入幫忙、出錢出力。

在新教會建築興建的同時，最重要的是要召集會友並讓大家繼續聚會，但他們已經沒有自己的牧師了，為此我還曾從波士頓特地跑去為他們講道，就在一間租來的房間裡。

西元一八七九年，就在列辛頓當地，我決定要成為一個牧師。我已經擁有很棒的律師工作，但那時決定要放棄。許多年以來，我覺得自己多少受到感召，這輩子要擔任牧師，而最後果然就在這裡，這就是明確開始的時機。不久之後，新的教會完成了，而且就在那間教會，就在列辛頓，我被任命成為了牧師。」

這一切真是驚人！那間新的小教會得以矗立，一切都是因為美國人的勇敢、積極、自我犧牲，以及一種合宜的浪漫主義。

支持康維爾離開利益龐大又薪水豐厚的法律事務所，接下一年只有六百美元薪水的牧師工作，親戚們都覺得康維爾的妻子是個超級大蠢蛋，而且他們也毫不保留的當面表達這個想法。想當然耳，這些人並沒有康維爾的願景，但他也承認，親友的反對其實相當合理。

他對會友說，儘管自己已經準備好要赴任這年薪六百美元的職務，但他還是期待自己能讓教會的會員人數加倍，這樣他們就可以把他的薪水加倍。對教會的人來說，這顯然是個不可能達成的大笑話，但是他們卻用熱切的語調回答說，只要他能讓會員人數加倍，他們很願意為他加薪，讓薪水加倍。

不到一年，他的薪水就因此加倍了。

我問他是否曾經覺得，放棄賺大錢的法律工作、投身牧師工作是一件苦差事，他帶著一種愉快的神情，幽默而豁達的說：「沒錯，那很痛苦，但是你知道嗎？自我犧牲常帶有一種浪漫的感覺，我寧願去支持昔日的殉道者，也不願意享受扮演殉道者的角色！」

康維爾並沒有在列辛頓待很久，一間在費城苦苦掙扎的小教會聽說了他的故事，於是有一位老執事來見他，聽他講道，也提出邀請，而且隨著列辛頓教會興旺的站穩了腳步，費城的需求強烈吸引著康維爾，激發他的想像，於是在一八八二年，他接受了八百美元的年薪前往費城赴任，到了苦苦掙扎的費城教會，當時的康維爾還只是個傳道者。

現在，這間費城教會早就不再苦撐而上了軌道，會友們進駐一間很棒的新教會大樓，可以容納比美國任何一間基督教會更多的人——一開始教會只給他幾百美元的薪水，後來每年得支付幾千美元的薪水給他，因為，正是康維爾博士，讓教會的座位坐滿了人！

這就是典型的康維爾式主義的展現，首先，讓那些需要幫助的人充滿鬥志與衝勁，接著是激發大家的靈感與展現其領導能力，偉大的夢想就會成真。

3 成功祕訣

讓那些需要幫助的人充滿鬥志與衝勁，接著是激發大家的靈感與展現領導能力，偉大的夢想就會成真。

五十七分錢的夢想

康維爾這一生，透過他美好的人格影響，總是能贏得老人和年輕人的心。每往前走一步、每達成一次偉大的勝利，都不是單單來自於他自己的熱情，而是因為他把同樣的熱情注入在別人身上。

4 成功祕訣

每往前走一步、每達成一次偉大的勝利，都不是單單來自於自己的熱情，還要把同樣的熱情注入在別人身上。

當康維爾博士到費城時，接手的其實是一間很小的教會，不只是人數稀少、建築物的規模也很小。

然而，在他的領導之下，這個小小的教會很快就變得非常受歡迎，以至於教會服務和主日學都變得十分擁擠，甚至沒有空間可以容納所有來的民眾，總會有人不得其門而入。

有一天下午，有個小女孩急切的想要來教會，卻在主日學門口吃了閉門羹，因此哭得很傷心。這時一位高大、黑髮的男性碰見她，停了下來，問她為什麼要哭，小女孩啜泣著回答：「因為已經額滿了，他們不讓我進去主日學。」

這位高大的黑髮男士就是康維爾。「我把她舉到肩膀上，」康維爾博士說道，「我對她說，我能帶她進去，而且我還告訴她，有一天我們會蓋一間夠大的教堂，可以容納所有想來的人。她回家之後就告訴自己的父母：她要把錢存下來，幫忙我蓋一間大一點的教堂，還有我想要的主日學！她的父母開心附和她的想法，讓她跑腿、做點小差事、賺點小錢，然後她把那些小錢存進銀行。

她真是個可愛的小天使，但是幾個星期後，她突然生病過世了。在她的葬禮上，她父親悄悄告訴我這件事——他的小女兒一直在存錢作建教堂基金。就在那個葬禮上，他遞給我這女孩存的錢：總共只有五十七分錢的硬幣。」

康維爾博士並沒有明說，他有多麼受到感動，畢竟，他是個很少談及自己情緒的人，但是一股深刻的傷痛卻浮現在他的聲音中。

「在一次教會的董事會議上，我說起這份五十七分錢的禮物：那是第一份建造新教堂的基金，在那之前，建新教堂的事都還很少被提起，因為大家都認為那不過是一個遙遠的未來式夢想。

這件事在董事會中留下深刻的印象，而且超越我的期待，因為在幾天之內，某位董事來找我，說他覺得在百老街上買塊地會是個很棒的點子。於是我和那塊地的所有者談論這件事，告訴他資金的起源、那個小女孩的故事。屋主其實不是我們教會的會友，事實上，他根本不上教堂，但卻專心聆聽這個五十七分錢的故事，並且說，他願意以一萬美元的代價把那塊地賣給我們，而我第一筆款項只付了五十七分錢，其他全要靠貸款！

在我和那位地主談過那驚人的好心計畫之後不久，教會安排我去了一趟冬青山教會（Mount Holly church）一晚，妻子也和我一起去。我們回來得很晚，當時又冷、又濕、又痛苦，但當我們接近自己的家時，看到房子裡從上到下全是亮的，而且裡面都是人。我們好奇的走進去，想知道到底是怎麼一回事，原來這次的出訪是刻意安排的，為了要製造驚喜，因為發言人告訴我，全部的一萬美元都已經募到了，我想要的那塊建造教堂的用地完全沒有欠款，而這一切都是來自小女孩的五十七分錢！」

這不是很像童話故事嗎？康維爾終其一生都在把童話故事變成真。他激勵了那個孩子、激勵了董事會、激勵了地主，也激勵了會友。

那間偉大的教會就是後來的天普浸信教會（Temple Baptist Church），正如它的名字：能容納許多的會友，自康維爾博士接管之後，這個教會迅速成長，熱心贊助者持續捐款、付出，直到現在，這不是一個簡單的任務。

建造工程在一八八九年動土，一八九一年教會開始開放，接著好幾年持續募款修建。在購地的一萬美元當中多數是小額捐款，只有一筆大額捐贈，因為教會所在的地區並不富裕，教會會友也不是由偉人和富翁組成的。

教堂是由石頭建成的，而且內部有個很大的圓形劇場。人們注意到教堂內有新鮮的空氣和光線，完全沒有中世紀教堂常有的昏暗、充滿宗教意味的燈光。在講道壇後方有幾排座位可以容納盛大的合唱團，還有一架很大的管風琴，整棟建築特別經過改建以適合聽講和觀賞……，嚴格來說，就算它本身並不算是頂漂亮的建築，但當它裡面坐滿聽眾時，會顯得很光彩奪人。

康維爾博士將一塊橄欖樹的心材鑲進講道壇的前端，因為那塊木材是來自客西馬尼園（Garden of Gethsemane）裡的一棵橄欖樹。在教堂內牆的琥珀色磁磚上，刻上了幾千位教堂人員的名字，每個名字的主人不論年輕或年長，都曾協助過這棟建築的成立，就算只是區區一美元的捐贈，也會留下姓名。

康維爾博士希望讓人知道，這裡不只是上帝的家，就一種極為私人的意義來說，這裡也是建造教堂者的家。

新教堂擁有可以容納四千兩百人的座位，但只設置了三千一百三十五張椅子，這是為了不要讓空間顯得太擁擠。裡面還有很大的空間可以進行主日學、進行青年與青女團契，還有廚房、行政辦公室、教會同工和董事會與委員會的會議室。那是個寬敞、實用、而且全方位的教堂家園，人們可以在那裡擁有家的感受。

「你會再次明白，」康維爾沉靜的說，「**對準大事的好處**。這棟建築代表了地上的十萬零九千美元，而沒有負債。如果我們只是建了一間小教堂，現在就會因為貸款而負債累累了。」

當一個有吸引力的演說家

當康維爾還年輕時，就已經是本地有名的演說者。南北戰爭爆發時，他開始發表愛國的演說，吸引許多加入徵召入伍的人。後來他成為牧師，也運用了具有說服力、充滿力量、簡單且令聽眾感到舒適的口才，吸引更多人加入基督信仰的行列。

他是個天生的演說家，透過最認真的研究、思考和練習，讓這種天生的才能更加發揚光大。他是檯面上少數幾個永遠都能抓住人們注意力的演說家之一，當他演說的時候，人們就是會仔細聆聽。

大約在二十五年前，康維爾為正在研究與練習演講術的學生出版了一本小書，那句「**清楚明白的表達就是口才魅力的所在**」是他堅持的其中一個論點，他本身也終身實踐著，因為當他演講時，在教堂的每一個角落都可以清楚聽到每一個字。

他總是不帶著明顯的努力在演說，會極力避免「演講技巧」。他的聲音很輕柔高亢、從不破聲，即使現在已經年過七十了，因為，他總是用自己自然的聲音在說話，從來沒有為了要產生抑揚頓挫的效果而讓自己產生壓力。

「熱情會激發熱情」是他另一個演說的重點。「**一個演說家必須對聽眾的福祉富有同情心。**」他在書中寫道，要靠著揭櫫慎重的「目的」、而不是提供「機會」，透過極大的努力，利用所發表的每一場講道和演講，把熱情灌輸到他的聽眾心裡。

「**引人發笑很容易，但卻很危險，因為那是演說者對聽眾掌控程度的最大測試，**

大笑之後，必須能夠讓他們再次著地於理智思考的堅固土地上。」康維爾說。我曾經聆聽過他的一場講道，有一波笑聲自由的掃過全部會友，接著他馬上就讓每個人都在他的掌控中、嚴肅聆聽他接下來要講述的重點內容。

他從不害怕利用幽默，因為那非常簡單、明顯且有效。他也會盡可能使用簡單的雙關語，不但不會降低說話的力度，還會讓演講更加生動，讓人印象深刻。

他常帶著友好、安靜、富有感染力的幽默，述說某些好笑的事，用相當討人喜歡且有自信的方式，讓他的聽眾深深著迷。聽眾從來不覺得他說的是自己的糗事，這就是他的功力——他只是要讓聽眾知道某件幽默有趣的事，讓他們跟他一樣開心。

「**演講時要非常真誠且極其清楚，充分利用可以說明的例證……**」康維爾常利用自己一生當中所累積的印象和事件，舉出有趣、驚人的例證，例如他會提起昨天在火車上聽到某位小孩說的話，他看到的某件事，或是他上個月、去年、或十年前見到的某個人。他走過俄亥俄州、加州、倫敦、巴黎、紐約、孟買等地，用敏銳的眼睛看過的萬事萬物，都給了他源源不絕的靈感，而卓越的記憶力和說話技巧讓這些例證更加出色、具吸引力，使他的演講更加觸動人心，可以發揮更多的影響力。

他常常使用親身的經歷，很少會運用讀來的例證。非常了解他的亨利・史坦利

（Henry M. Stanley），稱康維爾是「用兩隻眼睛瞄準的美國人」，可以「一眼就看出當下所有且曾經有過的東西。」

從來沒有一個人如此擅長用個人的回憶，補充他例證裡出現的地方或人物。當他利用發明縫紉機的故事作說明的時候，他補充說道：「是誰發明了縫紉機呢？如果我明天去學校問小孩們，他們會回答：『是發明家埃利亞斯・霍威。』南北戰爭時他和我在一起，而且常待在我的帳篷裡，我曾聽他說，他努力了十四年才發明了縫紉機。有一天他的妻子下定決心，因為如果沒有盡快發明出某樣東西，全家人就會餓死，於是她就在兩小時內發明了縫紉機……」聽到他的補充，聽眾就會開始感覺和這件事裡的人、事有了連結，而且是以一種友善且親密的方式。

無論是在講道壇上或在講臺上，或是與他私下對話，他說話奉行著一種簡單、熱切、完全的誠實。他在書裡寫著：「一個人沒有權利粗心的使用言詞。」這代表了他對文字技術的尊敬，是每個成功的演說家或作家都應該要具備的。

5
成功祕訣
一個人沒有權利粗心的使用言詞。

有一位年輕的牧師告訴我，康維爾博士曾經對他說過，講道的時候要帶著深刻的感受：「永遠要記得，當你講道的時候，就是在努力至少搶救某個靈魂。」

康維爾博士還曾對他的摯友說：「每當站上講道壇的時候，我覺得自己很有可能再也不會有機會對當中的某一個會友講道了，因此我必須利用那『最後一次』的機會，竭盡所有的力量講道。」

於是我們明白為什麼康維爾的每次講道都會如此令人印象深刻，又為什麼其精力從來不會衰退。他永遠會給人一種感覺，他來到這世上就是為了做到所能做的一切好事，沒有任何一刻、沒有任何一個機會應該被遺漏。

只要他一站起來走向講道壇前方，就會立刻得到教堂裡每一個人的注意力，而且這注意力會一直持續，直到講道完畢。

然而，這祕訣從來不是靠著極大的努力，他說：「**我希望可以講得很簡單，讓會友不會覺得那是講道，而只是在聽一個朋友說話。**」我還記得在某個星期日早上，當他開始講道的時候，就持續這簡單的風格，就像他所承諾的那麼自在和友善，而且講得非常有效果！

他認為一切真理都應該要這樣傳遞，好讓所有人都能夠理解，而且這信念不只運用在講道上，還會運用在閱讀《聖經》上，他不只會自己具體想像《聖經》當中的內容，還會生動而清晰的講述，讓他的聽眾明白。

比如說，他正在讀〈撒母耳記上〉第十章，他開始念道：「『你必遇見一班先知』，這應該要翻譯為『歌手』，」他打個岔，從頁面上抬起目光、看著他的會友，接著他繼續念下去，「你必遇見一班歌手從丘壇下來──」

他再次中斷，而且用一種不可抗拒的說明旁白，在大家的腦海中引起畫面，他說：「意思是說，從山丘上的小老教堂，你們知道的。」

從那一刻起，講道就會變得非常簡單、清楚、真實又有趣（最重要的就是有趣）！如果換作另一個人，可能會保留原文「先知從丘壇下來」，這樣的畫面顯然一點也不生動自然。而在康維爾的講道中，就能投射出來他所想像的那幅畫面──歌手從山丘上的小老教堂下來，這樣的做法實在是太神奇了！

他繼續讀著：「你必遇見一班歌手從山丘上的小老教堂下來，有鼓瑟的、擊鼓的、吹笛的、彈琴的，他們都在歌唱。」

音樂是康維爾講道時有力的助手之一，他自己很愛唱歌，在禱告會或是禮拜當中，他也常常領唱。我還記得有一次做禮拜，唱詩班的指揮站在詩班前面領唱，康維爾站在講臺後方，眼睛看著他的詩歌本，默默隨著音樂搖擺、隨著搖擺打拍子，就像是一位真正的指揮，因為其實會友們注意的是他，跟的也是他的拍子！

他跟著音樂一起思考，臉上還有一種具備感染力的幸福表情，讓教堂裡的每個人都同樣感到開心。這就是他擁有的神祕力量，**能夠將自己的快樂灌輸給其他人。**

在康維爾的禮拜流程中，他使用了很多音樂的元素，不只有唱詩的歌手，還包括鼓瑟、擊鼓、鐃鈸，有鋼琴，甚至可能會有長號，還有巨大的管風琴，有時候還會敲鐘。他的音樂品味似乎偏向有力的樂器，或許只是因為他知道，人們有時喜歡聽到強而有力的聲音、並較容易深受感動。

唱詩班自己也很喜歡這充滿音樂的情境，他們會佔住講道壇後方一個很大的曲線空間，全心投入歌曲。而當會友散去、卸下詩班的工作之後，他們有時候還是會歌唱，有些人繼續唱歌、一邊慢慢走出教堂。

康維爾與這群唱詩班很快樂，所以會友們也很快樂，他讓每個人覺得去教堂是件快樂的事，讓教堂變得有吸引力、而不生硬或充滿拘束。難怪他的教堂總是能坐滿，而且他也早就習慣了教堂就是要客滿，大家都喜歡來。

演講時他的手勢通常很簡單。有時候當他很興奮的要強調某事時，會用一隻手的拳頭敲打另一隻手的手掌。等他講完以後，聽眾根本不會記得他曾經做過任何手勢，但他的聲音卻會繼續殘留在耳中，他愉快的表情會留在記憶裡。儘管現在他已經年過七十了，還是會用依然年輕的表情與眼神看著他的會友，對他們說話。

就像所有偉大的人一樣，他不只做大事，也不會忘記關注數不清的各種細節。當他的助理宣布某位年邁會員的葬禮即將要舉行，但對於街道名稱和門牌號碼有些記不住，於是告訴大家可以在電話簿上找到。這時康維爾深沉的聲音隨即打斷了助理，他悄悄遞出一張紙條，小聲的說出街道名稱和門牌號碼，雖然他已經盡可能壓低聲量，但教會裡的每個人還是能夠確切聽到他說話的每個音節。

6 成功祕訣

不只做大事，也不會忘記關注數不清的各種細節。

他的個人趣事、豐富的回憶一直不斷湧現，成為他講道中的例證，就跟他在演講的時候一樣，他的好記性——有時候還真的很令人震驚——會掃過許多年，清晰且自在的呈現出他所知道的名人面貌。

某個星期日晚上，他幾乎是隨口提到當他第一次見到加菲爾德的情形：

「我要求麥金利少校（Major McKinley）幫忙引薦，他是我在華盛頓就已經認識的人，老家在北俄亥俄州，那也是加菲爾德先生的老家，我希望他和我一起到加菲爾德先生的家去拜訪。當我們到那裡的時候，有一位鄰居得去找加菲爾德先生。『吉姆！吉姆！』那位鄰居大叫著。你看，對老鄰居來說，加菲爾德不過只是平凡的吉姆，所以要越過自家的後院圍牆認出某個英雄實在很難！」

他停下來一會兒，讓讚賞的鼓掌聲減弱，再繼續說道：

「我們三個一起聊天（麥金利、加菲爾德和康維爾），過沒多久我們就聊到詩歌的主題，而那兩個偉大的人都告訴我說，他們有多愛老詩歌〈舊時代的宗教（The Old-Time Religion）〉，加菲爾德特別鍾愛那首歌，因為有個從小撫養他長大的老好人，以前每天早上都會在他窗外的牧場門閂旁唱，而年少的加菲爾德知道，每當他聽到那首老曲調，就表示該起床了。他這輩子雖然聽過世界上最棒的音樂會和最美妙的歌劇，但從來沒有任何歌曲，可以勝過這首〈舊時代的宗教〉。」

康維爾一心一意、不願放過任何在聽眾心中留下深刻印象的機會，這時，有一種新表情出現在他臉上，因為在那一刻他有了一個想法：「我覺得那就在我們的讚美詩裡！」當他一宣布，巨大的管風琴開始彈奏，大教堂裡的每個人，不分男女老幼，全都加入搖擺的節奏，一節接著一節，好像他們從來不會累，大家一起齊聲唱著老詩歌〈舊時代的宗教〉。

康維爾曾和那兩位已經不在人世的偉人見面，回憶在他的歌聲裡閃閃發光，現在的他站在會友面前、帶領著大家一起歌唱，他的眼神中泛著一股內斂的光。他的魔法讓會友們突然進入過去基督信徒野營集會時，那段充滿開創性且艱辛的時光，當時的宗教對每個人來說意義非常重大，而且就連對這段歷史一無所知的人，也能在那個當下感覺到老時光的份量，就算這感受只是模糊與隱晦的，當下在場的每一顆心，都深受到感動。

只要這些會友們活著，相信那首古老的曲調將會在所有聽過、唱過的人的回憶中傳唱著，永遠無法停歇。

一切有如神助

康維爾總是很熱切，不讓任何助人的機會溜走。

他在講道的時候，往往會從聲音裡傳達出一種熱切、焦慮的印記。然而，當他禱告、轉向神的時候，則會經歷一種輕微且無意識的變化——肩膀會卸下某種重擔，替換成一種更高的力量；至於他的聲音，就像之前一樣堅定，甚至更為深沉。當他在禱告的時候，手臂經常會到處晃動，用一種特有的優雅姿態，帶著人的尊嚴向上看、與更高的存在對談……，就算不是身為基督徒，也可以感受到康維爾在禱告時的美麗以及細緻。

我還記得，在一次教會服事中，當詩歌正在進行時，他突然從椅子上站了起來，跪在椅子旁邊，在公開的講道壇上，背對著全體會友，維持這個姿勢好幾分鐘。沒有人覺得這樣很奇怪——我很可能是唯一一個注意到這件事的人，會友早已習慣了他的虔誠——我猜他有一些話想要安靜的對上帝說。

康維爾是一個堅定相信禱告回應的信徒，相信上帝會直接介入。這股信念無疑的繼承自母親，他母親是個神祕主義者。當朋友遭遇困難，他喜歡重複說一段充滿鼓舞性質的格言，那格言就是：「信靠上帝，持續前進。」

他剛在費城教堂工作時，教會亟需一筆一千美元的款項，好避免一樁教會裡管風琴欠款的訴訟。比欠款還要糟糕的是，那張借據是由康維爾簽下的，已經變成了必須趕快支付的款項，如果未能及時支付那張借據，除了要被告以外，他的名譽也將會受到損害。

他已經試過所有辦法，但卻徒勞無功。他不能就此事公開向會友們求助，因為當時他只是個菜鳥牧師，何況這是因為他自己太喜歡管風琴、認為一定要添購作為教會設備，而獨排眾議才造成的，周遭的朋友都極力勸他慢一點，等到支付完其他開銷再說，但他卻聽不進他們的勸告。

他找朋友幫忙，也試過禱告，但就是沒有任何可以解決的跡象；無論從哪方面來說，他似乎都無法可想了。

在借據持有人即將提告的那天，他收到一張金額恰好是一千美元的支票，那是一個西部人郵寄來的，而他根本不認識此人。

後來才知道，捐款人的姊姊是天普教會的其中一員，曾寫信給弟弟提起康維爾。她並不知道教會的財務狀況，也不知道購買管風琴的借據及那一千美元的需求，她只是大略向弟弟說明康維爾博士正在做的工作，沒想到弟弟立刻就熱心寄來了支票，而且恰好是一千美元！

不久之後，教會又迫切需要一筆一萬美元的款項，那筆錢是要用在天普大學大樓的建築上，繳款期限到了，康維爾和少數幾個知道事態緊急的教會人士處於極深的絕望中。

這筆款項實在太大，無法請求會友補足，因為會友們並不富裕，也早就已經很慷慨的奉獻了他們微薄的金錢，而常捐鉅款的大慈善家似乎對羅素・康維爾的教會工作不感興趣。他曾經收到的最大筆款項是三千五百美元，那是一個有名氣的慈善家捐贈的，除此以外就沒有更多的了。

於是，當教會急需要一萬美元的時候，似乎得到捐款的各種可能性都已經被堵死了。儘管康維爾非常樂觀，但他其實也是個容易抑鬱的人，幸好性格中熱情的部分使之得到平衡。他相信禱告的力量，認為**信念可以讓大山挪移**，**但人最好不要等待山被挪移**，**而是要直接走出去**、**開始移山**。只是偶爾也有些時候，大山不僅逼近，也有極大威脅性，即使他做了各種努力和一再祈禱，事情仍然沒有任何轉圜。

那一萬元的欠款就是一座逼近的大山，他已經嘗試挪移，卻只是徒勞。那一次，他真的覺得自己已經束手無策。

一位大學裡的院長，告訴我那時他所看到的事：「康維爾先生離開的時候，眼前的一切似乎都是暗淡的。

當時正逢聖誕節期間，這個普天同慶的日子對痛苦的人來說，只是讓他更加沮喪罷了！

但在幾分鐘內，他就飛快的跑了回來、容光煥發、欣喜若狂，手裡揮著一張紙，是一張金額恰好是一萬美元的支票！他剛剛才從一個信封裡抽出它，那是回家時郵差恰好交給他的。

這筆款項來得實在太奇怪、但也太自然而然了！因為那是一位女性寄來的，她對他的教會工作深感興趣，知道教會運作一般來說都會需要錢，但卻一點也不知道我們有這迫切的需要！

那是發生在八、九年前的事，直到最近，才有人告訴那位捐贈者，那一萬美元的款項究竟有多及時，以及這整件事對康維爾博士的影響，我們和所有認識他的人都知道，康維爾很會說格言，現在他最鍾愛的一句格言就是：『所有一切最終都會順利解決的！』」

7 成功祕訣

把這句格言時時放心上：「所有一切最終都會順利解決的！」

面對逆境的忍耐功夫

當新教會正在興建的時候，教會的會友有點不安，因為他們注意到，當建築結構達到第二層樓的時候，在朝向空著且沒有買到接鄰地的那邊，開了好幾扇門，但門的開口處其實什麼也沒有！

許多人問起門的用途，康維爾博士漫不經心的回答說，這些地方很適合架設安全梯。有很長的一段時間，他不曾和任何人提起這個偉大的計畫，那就是一棟大學的建築！有一天將有一所大學會矗立在那塊地上、緊鄰著教會！

當時所謂的天普大學，甚至還不是一間學院。康維爾組織了這所小學校，由一些班級和老師組成，在兩間小小的房子裡上課。但是康維爾很早就勾勒出雄偉新建築的想像，這所大學將可以容納上千位學生！最後夢想實現了，他的想像變成了事實，現在那些位於天普教會二樓的門可以打開，直接通往天普大學！

康維爾這一生一直在談論「成功」，而且那對他來說，是真實並且非常實際的信念──**做大事就跟做小事一樣簡單，而且還來得更容易**！他無法明白，為什麼有人會滿足於人生中的小事。「如果你的房間很大，人們就會來填滿它們！」他很喜歡這樣說。贏得小成功要付出努力，如果受到正確指示，將會贏得極大的成功，所以他常說：「想大一點，然後去做！」

8 成功祕訣

想大一點，然後去做！

在他許多有名的格言中，大家喜歡的格言就是「你們要忍耐到底。」他自嘲說：「我讓朋友們都覺得很煩，因為他們每天都要聽我說這句話。」

他之所以常常重複說這句話，是因為這對他本身來說就意義重大。這句話就像是一個不斷的警告，要他不要發怒、不耐煩或過度匆忙——他自知那是魯莽性格容易犯的錯誤，因此做好了絕佳的自我控制。認識他很久的人都對我說，他們從來不曾聽過康維爾責備任何人，他的寬容和仁慈真的很令人敬佩。

但在他鎮靜的外表底下，其實是一個敏感的人，他曾經很強烈的受過苦，而且當他受到不公平的攻擊時，也會有很長的一段時間感到痛苦，甚至幾年過去都無法完全釋懷。

「當我受到傷害，或是和討人厭的怪傢伙講話時，我都會努力忍耐到底，因為如果你對他們有耐心，之後就可能會幫得上忙。」

他剛到費城時，面臨了很多反對者，而且還是來自同一個教派的牧師，讓他遭到很大的誤解。但是，他相信，短暫的沮喪會消失，就連死敵也常因為他的耐心而最終被說服了。

費城的一位浸信會牧師曾經帶著些許愧疚對我說，康維爾剛來赴任時情況確實是如此，當他走進其中一場例行的牧師會議時，全部的人都避開他，沒有一個人願意走向前去和他交談或問好。

「那是因為我們嫉妒他的成功，」那位牧師激動的說，「他以一個異鄉人的姿態來到這個城市，卻立刻受到歡迎，我們無法接受，於是才會攻擊他所做的事，說那些事一點也不重要。我們大家實在太嫉妒他的群眾魅力，以至於看不到他身上的美好。這件事讓康維爾博士受到很大的傷害，整整有十年，他都不曾參加我們的會議。還好這在許久以前已經改變了，現在在牧師界他深受歡迎，而我們也早就克服了自己的嫉妒，大家都很愛他。」

不只是同一個教派的牧師欣賞他，在不久之前，費城最大、最氣派的教會首席牧師，自願給予康維爾極高的評價。「他是讓他的弟兄為耶穌基督擔任牧師職位的靈感，」這位聖公會教派（Episcopalian）的首席牧師這樣寫，「他是所有好人的朋友、所有惡人的敵人、弱者的力量、悲傷者的安慰，一個屬神的人。這些話是發自一個愛他、尊敬他、敬重他的人的內心，全是基於他的品格和行為。」

康維爾博士在他的教會裡實行了一些美好且少見的事，因此引發了一些批評，他說：「他們過去曾指控我把教會變成了馬戲團，好像我真的有能力辦到似的！」儘管過了那麼多年之後，他的口氣依然帶著難過的情緒。

例如幾年前，他的復活節禮拜成為會友討論與期待的活動，因為每場講道都會用美好的象徵裝飾，在講道壇上，他手裡會拿著藍知更鳥、白鴿、百合花的梗或任何他選擇作為象徵的東西，那個象徵有助於他論證的中心思想，這是考慮到會友，他喜歡用實際的象徵來強調抽象的理念。

不僅如此，他會用電力點亮十字架，讓十字架的光芒照在洗禮池上，在洗禮儀式期間，泉湧的流水會沿著水池的臺階緩緩傾瀉而下，玫瑰花和他要送給每個會友的禮物會飄浮在水池裡，每位受洗的男女離開水池時就能取得。

在那個時代，這類舉措顯得非常標新立異，但是他的會友卻看出了這當中的美感和詩意，於是，費城有上千本的《聖經》裡都有康維爾贈送的洗禮玫瑰花瓣、壓在書頁裡面。

因為他極度受到會友的喜愛，所以每當出訪回來時，會友總是興高采烈的迎接，好像他是某個傑出的新牧師、剛剛來到此地似的。如果不是因為他具有某些出色的魅力特質，早在很久以前就已經成了老掉牙的故事了，但正好相反，即使是在這麼多年以後，會友依然認為他充滿了新奇，一直都是全新的故事，而且是有趣、令人愉快的故事。

就在那天晚上，我聽到剛出訪的他回到教會裡演講，檯下每張臉孔都笑著抬頭看他、專注的聆聽他說的每一個字，彷彿他們從來不曾聽過他講道。當演講結束之後，會友獻給他一大束花，有些人還尷尬的為此說了一些歡迎的話，因為康維爾又回到大家身邊了，這一切好像是他已經離開了幾個月，但其實他才離開五天半而已！

像火焰一樣的人格魅力

康維爾很小的時候就想要公開演講，而且很早就開始順應這個與生俱來的衝動。

當他想起自己曾在各種鄉下市集、學校畢業典禮和校慶、甚至縫紉集會上嘗試對大眾說話時，他笑了起來。在這最初的幾年，演講所換來的報酬是經驗，偶爾可能會得到幾片火腿或是一把瑞士刀。演講後收到的第一筆錢是七十五分錢，而且那還不是因為演講本身，而是為了租馬——回想這過程的同時讓他感到非常開心，因為這些都是最寶貴的訓練！

有長達半世紀的時間，他一直很感念約翰・高夫（John B. Gough），儘管此人已經位居權力與成功的高位，卻在出身山丘的康維爾身上看到其決心和可能，而且確實幫了他一個大忙。在麻州的一個城鎮中，約翰把他介紹給一群觀眾——一個已經很有名的人，卻願意幫忙一個才剛開始演說生涯的年輕人，這真的是很大的幫助、也是極大的尊榮。

康維爾認為，演講是他這一生最重要的工作，因為透過演講，他才能和數百萬人有近距離的接觸——沒有誇張，確實是幾百萬！

他曾試過估算自己曾經演講過幾千次，以及每個人平均參與的次數，當他發現已經累積到數百萬的聽眾時，就不再計算了。他的私人祕書表示，沒有人曾經做過這類記錄。但經過保守而小心的估算，大約有八百萬的聽眾曾聽過他的演講，再加上聽過他講道的人數約莫超過五百萬人，因此總共有**遠遠超過一千三百萬人曾經聽過羅素・康維爾的演講！**

數量真的很驚人，不是嗎？

到目前為止，世界上或許還不曾有演說家擁有這麼多的聽眾，而且總數還在穩定增長，因為他是個從來不知道休息的人。

康維爾博士從來不曾對任何人說過，演講工作中最美好的部分是什麼，他依然很樂意演講，即使只有微薄的費用，他仍一次次前往不知名的小鄉鎮、從來沒有名人造訪過的偏鄉，他知道正是這些偏遠、沒落的小地方，才最需要歡樂與激勵，所以即使已經年過七十，他卻還是會神采奕奕的整裝前往，完全不顧旅途的不適、沒什麼客人的破舊小旅館、糟糕透頂的食物，以及悶熱、不潔的禮堂所帶來的種種不舒服。他沒有想要換得一刻輕鬆的生活，即使有，只要想起掛在床頭、由強尼・林用生命守護的那把劍，就能立刻恢復他滿腔的熱忱。

我拿到了一份行程表，是他今年（一九一五年）夏季每週的預約，除了星期日以外，他每天晚上都要演講，而且星期日還要在他旅行所至的城市講道！

這麼密集的旅行和演講，就連最年輕、最強壯的人耐受力都會備受考驗，但這個年過七十的老人卻背負著這份重擔、沒有賺進屬於自己的一分錢，因為他藉由演講所賺到的錢，全都拿去做慈善事業，幫助更多需要幫助的人。

即使做了這麼多不凡的事，康維爾博士依舊非常謙虛，他承認，自己孜孜不倦的工作，是出於極大的真心，而計畫之所以成功，要歸功於曾經支持且幫助過他的人。他一直以這種眼光看待此生的每個階段，例如回憶南北戰爭時期，他想起的是士兵忠誠的奉獻，卻忘了屬下之所以喜愛他，是因為他身為長官，卻總是預備好要為士兵們犧牲或是冒險。

他不喜歡聽別人的讚美，如果有任何人喜愛他，無須在言語上表現，不如大家一起做好事比較實際。他總是說，他的教會能夠成功，是因為許多人的付出；他的大學能夠成功，是因為教師和學生們的努力；他的醫院能夠做這麼多事，是因為醫師和護士的服務……。他想像中的計畫都已經成功達成，使得現實好像是一場夢，有趣的是，他常為這些成就感到驚訝，因為大部分的時候，他想到的都是自己的不足。

他常說：「上帝和人們都對我很有耐性。」當他將實際的結果和預期相比較時，有時候會很沮喪，因為一直以來，他的期望都遠遠超過實際上所能做的，而我認為，這正是所謂的「胸懷大志」。

絕大多數認識他的人都喜愛他，貝亞德・泰勒（Bayard Taylor）就是其中之一。他和貝亞德・泰勒認識很久了，而且相互欣賞，兩人同樣到過世界各地旅行，在那些年，很少有美國人曾經去過尼羅河（Nile）和東方國家、甚至是歐洲。

泰勒去世的時候，在波士頓舉行了一場追思禮拜，由康維爾主持，因為他希望這場禮拜中要有某些超乎平常演說的內容，於是就跑去找朗費羅（Longfellow，美國有名的詩人），請他為這場禮拜寫一首詩。

朗費羅實在想不到要寫什麼，而且他病得太嚴重，以至於無法出席那場禮拜，但是，康維爾身上總是會有某些具感染力、激勵人心的特質，於是這位詩人答應在病榻上盡他所能，寫下並寄出這些美麗的詩句。

詩的開頭這樣寫著：

他無氣息的躺在他的書當中，
臉上帶著來自於神的安詳。

許多文人，如拉爾夫・沃爾多・愛默生（Ralph Waldo Emerson），都出席了那場禮拜，康維爾博士勸說小奧利弗・溫德爾・霍姆斯（Oliver Wendell Holmes）朗誦這首詩，出席的人在一片寂靜中聆聽，整個追思禮拜也畫下美好的句點。

儘管他曾透過演講接觸過上百萬人，但在社會上卻未獲得等值的名氣，這聽起來有些不可思議，卻是事實，許多美國教育和文化界的人完全不知曉康維爾和他所做的工作，因為他並不是很熱衷於宣傳自我。

康維爾的魅力要透過聆聽他親身演講才能感受得到，而且，除了他所喜愛的天普教會與大學之外，他寧願花時間去一個不知名的小教會或是小禮堂，對被遺忘的人們演講，希望能夠鼓勵且激勵他們，讓他們重燃活力，而不是去對有錢人、名人演講、藉以拓展自己的名聲。

他最大的希望是**讓每個進入他生命的人都能有所獲益**，因此他常把注意力都放在窮人、認真工作的人、不成功的人身上。在某種程度上，這是為了得到從經學家（註：熟讀聖經並抄錄聖經的人，同時也教聖經）而來的稱讚，因為現在的經學家就和過去與法利賽人（註：除了熟讀聖經律法上的教誨，經學家也會在行為上表現出來，卻往往流於形式）之間的分別一樣。這並不是人類史上首次，經學家不能認可事蹟不算偉大或富有的人。康維爾身為好公民，也支持好政府，除此以外，他很少參與政治，從未擔任過任何公職，只除了有一次他曾參與過學校的委員會。他真心認為，自己的人生其實沒有什麼趣味，基本上很平淡無奇，沒有多采多姿的有趣事情可以訴說——他很驚訝，竟然會有人想要寫下他的故事。

但事實上，他不知道自己的故事有多迷人。

比如說，組織和領導對他來說一直都像是呼吸一樣自然。年輕的時候，他創辦過辯論社；在戰爭之前，創辦過當地的女帽公司；在南北戰爭當中擔任駐防工作時，為了南方的有色人種孩子，他創辦了第一所免費學校。

康維爾曾在明尼亞波利斯（Minneapolis，美國明尼蘇達州最大的城市）擔任律師，他在當地創辦了後來的第一所Y.M.C.A.（Young Men's Christian Association，基督教青年會）分部，他還曾經辦過一份報紙……。多年過去，這種創業的本能自然帶領他完成愈來愈偉大的事業，像是重建了天普教會、還有創立天普大學。

在他的性格中有一個奇怪的特點，就是對火焰的鍾愛，如果不是因為成為了基督徒，他就要變成拜火教的成員了！

他回憶，小時候沒有任何頑皮事會像築火堆一樣受到父母嚴厲的處罰。但等他到了中年，獲得老家的所有權、以及周圍廣大面積的土地之後，就擁有了此生最愉快的一段時光——他可以自由拆下需要被銷毀的老建築、堆放掉落下來的樹枝和垃圾、累積很大一堆木頭、然後放火焚燒！你看，這就是他保持力量的祕密：**從來沒有失去像火焰一樣的熱情！**

到了晚年，他一直患有嚴重的風濕病和神經炎，但從不讓這些病痛妨礙其工作及計畫。他很不重視疾病，當他因病痛而身體彎曲、緩慢的走下樓時，並不希望被別人注意到。

如果有任何人想要幫忙，他就會說：「我很好。」而且顯得有些不耐煩。他希望別人忽略他的疾病，因為對他而言，體力是如此寶貴的資產，只要他還活著，就不想放棄它。

儘管痛苦變得非常嚴重，到了需要按摩的地步，他仍舊相信「我很好」，即使很痛，他還是會平靜的說話、寫信或專心處理他面前的事情，就像是斯巴達男孩隱藏被狐狸啃咬的痛苦一樣。

他也從來不會讓痛苦妨礙他站上講道壇或是講臺。有時候他會在腋下撐著枴杖去參加會議，那時候靠著意志力，預定要做的事情會激勵著已經垂垂老矣的他，以一個充滿力量、熱情和生命力的姿態，站在他的聽眾和會友面前。

天普大學的創立

天普大學的創立與崛起是個非凡的故事，不只非凡，還很激勵人心；不只激勵人心，還充滿浪漫。

在他位於波克郡的家鄉，康維爾博士親自告訴我那間大學是怎麼開始的，當我問起細節時，他沉默了一會兒，看著深沉的暮色，目光停留在水面上、樹上和山丘上，接著他說：

「有一天晚上，禮拜結束之後，會友裡有個年輕人來找我，我看得出來他因為某些事情而感到不安。我要他在我身旁坐下，告訴我是什麼事情困擾他。

『康維爾博士，』他說，『我賺的錢很少，而且我看不到任何機會可以多賺一些錢。我不只必須養活自己，還包括我母親，因此半點薪水也沒剩下。但我很想當牧師，那是我這一生唯一的志向。我可以怎麼做呢？』

『任何人只要擁有適當的決心和志向，就能在晚上充分學習、達成渴望。』我對他說。

『我也曾經這樣想過，』他回說，『但是我卻一直無法清楚了解任何事。我想要學習，也準備好要把我空閒的每一分鐘都用在讀書上，但是我實在不知道該怎麼理解知識。』

我想了幾分鐘，當我看著他的時候。他想實現這個夢想的渴望和志向很強烈，而需要的是非常簡單的歸納原則。

『每週找一天晚上來找我，我會開始親自教你，』我說，『至少這樣你就可以開始學習。』

接著，我就指定了某天的晚上。

他的臉亮了起來，而且急切的說他一定會來，然後就走了。但是過沒多久，他又急忙跑回來問：『我可以帶一個朋友一起來嗎？』

我告訴他，想帶幾個都可以，因為多人共學將會有好處，於是當那晚到來時，有六個朋友和他一起來。第一個晚上，我就開始教他們基礎拉丁文。」

他停下來，好像故事已經結束了。他看著外面、沉思的看著變暗的光線，我知道他正忙於回想那所大學剛開始起步的日子，而且這成功對他來說意義重大。過沒多久，他就繼續說了下去：

「到了第三個晚上，學生的人數已經增加到四十人。有其他人加入來幫我，於是我們租了一間房間，接著又租了一間小房子，接著租了第二間房子。從少數幾個學生和老師，到變成了一間學院。過沒多久，我們的大樓就在百老街上建造起來，就在天普教會旁邊。再過不久，我們就變成了一間大學。我們最初的目標是要提供教育給那些無法透過正常管道受教育的人，實際上就是這樣。」

這就是羅素・康維爾一貫的作風，會簡潔的講述他已經做到的事，指出某件事情的開端，而完全不會詳細闡述其結果。他希望你明白：最重要的是「開端」，如果某件事有認真的開始、並確定走在正確的方向，那麼形成大成果就會跟完成小成果一樣簡單。

成功祕訣 9

最重要的是「開端」，如果某件事有認真的開始、並確定走在正確的方向，那麼形成大成果就會跟完成小成果一樣簡單。

但這個故事完全不是「就這樣」結束，後續還有很多。那七位學生在西元一八八四年的某個晚上來到他的書房，從此天普大學的人數不斷增加，到了一九一五年舉行畢業典禮的時候，已經有高達八萬八千八百二十一人、將近十萬個學生，而且是創辦人還在世的時候！這八萬八千位學生當中，如果不是因為有了天普大學，可能絕大多數的人根本無法接受高等教育，而這全都來自羅素・康維爾能夠立即回應一位沒有錢讀書的年輕人提出的迫切需要！

「我還有一些話想說，來自賓州大學（University of Pennsylvania）的教授以及來自公立學校和其他本地機構的老師自願付出時間，直到我們的資金可以穩固上路。我很尊敬那些提供幫助的人，這些貢獻應該要被記住，在我們剛起步時，失學青年對教育的需要甚至比現在還要大，因為當時沒有夜校或是教手工藝的學校。費城市就是從那時候開始做這類工作的，而且等幾類學科紛紛開辦，天普大學就開始把精力投入高等學科，而需要似乎一點也沒有減少。」經過深思後，他補充說道。

需要當然沒有減少！光是每年的《大學概況》中就可以說明這點。

開辦之後的第三年，西元一八八七年，天普學院（這是它當時的名稱）發行了第一本《大學概況》，用激勵人心的文字闡明了創立的意圖：

對被迫半工半讀的人提供這類訓練，得經過調整以適用高等教育。培育對於高等且實用學科的愛好。

喚醒年輕勞動男女性格中的明確志向，並對自己的同胞有所幫助。

西元一八八八年，當時該校的人數已經達到將近六百人，也順利取得學校執照，從那之後就一直不斷有學生來申請就讀，康維爾博士認為，這證明了那些**為生活而工作的人還是有時間可以學習**。

他特別自豪學校的課程與教室充滿彈性，講座和背誦幾乎每個小時都會舉行，以配合學生的方便。如果有十個以上的學生要求從早上九點上課到晚上十點，學校就會替他們安排課程以符合要求！這意味著需要聘請更多的教授和老師，但這個學校是為了工作者進修而設置的，在校方來看，和成功滿足學生們的需求相比，為了聘請更多老師而花更多經費根本是件小事。

康維爾還對一件事情感到驕傲，那就是畢業的殊榮完全仰賴學生所獲得的知識，而不是依靠學生聽過幾堂課程、或是上了幾學期或幾年的課。如果一位學生可以在兩年或三年內完成四年的課業，學校會鼓勵他這麼做，但如果他不能在四年內完成，就不能取得文憑。

很顯然，天普大學並不想提供機會給只是想來悠閒過幾年的學生，那是一個提供給工作者進修的學校，並不是供給只想自誇進了大學的人。學生有大半是來自鐵路職員、銀行行員、記帳員、教師、牧師、技工、推銷員、藥局店員、市政府和美國政府的僱員、寡婦、護士、管家、列車機務員、消防隊員、工程師、司機、乘務員以及商店店員。

當這所學院更壯大、在學術成就和水準上充分進步、規模夠大之後，才獲得了大學的名稱，這是由賓州州政府在一九〇七年正式授與該校的，而現在它的教育計畫還包含三大不同的學校系統：

第一：它提供高中教育給離開文法學校之後輟學的學生。

第二：它提供完整的學院教育，它的分支已經過長期制定的高級學院教授課程，針對離開高中之後輟學的學生。

第三：它提供進一步的科學或專業教育，針對從學院退學之後必須立刻工作的畢業生，但卻希望可以選修一些法律、醫學，或是工程等課程。

天普大學絕對不是一間慈善機構。它的學費很低，它的課程安排是為了給學生方便，但它卻是一個絕對獨立的地方。有一位教授指出，天普大學是個高度學術獨立的地方，比起靠私人巨額捐款興建的優良大學還要有獨立性。

天普大學在早年急需資金，某些很有錢的人想要捐款，卻沒有一個人付諸實行，現在天普校方反而為此覺得很高興，因為天普大學是「為了進修、可以同時用心靈和身體勞動的男女所設立的機構。」

而管理階層也可以驕傲的說，儘管有許多人從很遠的地方來求學，畢業的學生當中從來沒有一個人找不到工作機會。

在初期，當學校需要資金蓋大樓時，這所大學（當時還被稱為學院）已經獲得了許多人的金錢奉獻，因為他們都知道這是一個不會浪費時間或金錢的地方，在這裡，懶散是個罪過。例如工廠工人每人捐五十五分錢、湊成了四百美元捐獻，警察每人捐一元、湊成了兩千美元捐獻。才不過兩、三年，賓州州政府就開始每年捐贈一大筆錢給這所大學，這個來自州政府的幫助是對天普大學的公開認可，承認它是間具有高度公共價值的機構，這些來自納稅人的錢都被投資在有志者的腦袋和心裡。

康維爾博士認為，每個人都應該能獲得受教育的平等機會，所以就連他的僕人也必須去上學！他對於人可以獲得最高教育的信念，相當強烈，而且不只是因為教育抽象的樂趣和價值，也是因為教育能增加一個人實際謀生的力量，能讓某個工人擁有更多價值，這種提升不只是對這個工人有利，也對整個社會有利。

許多男女，在他們繼續為某些企業或工廠工作的同時，都參加了天普的技術課程，因此能夠晉升更高階的職位，學生崛起的例子讀起來就像天方夜譚一樣夢幻！例如有教師在繼續教書的同時，透過天普的課程，晉升為教授的職位；有記帳員變成編輯、有人從打雜小弟變成銀行總裁、有人從廚房女傭變成學校校長，也有人從清道夫變成市長！天普大學就是要幫助那些立志幫助自己的人。

可以創造未來的夢想家

康維爾親自告訴我一個讓他特別感興趣的例子：有一天，有位年輕女性來找他，說她一星期只賺三美元，還說她很想賺更多錢。

「你能教我該怎麼做嗎？」她說。

他很喜歡她的抱負和坦率，但是這女性身上有一個讓他覺得疑惑的地方，例如，以一星期三美元的收入來說，她的帽子看起來太高貴了！

儘管他覺得奇怪，卻不會嚴厲做出急躁的判斷，特別是絕對不會嚴厲拒絕求助者。**他從來不鼓勵任何人滿足於卑微的命運，他支持晉升**，並不贊成那自以為是的「安貧樂道」宣言，因為那些宣揚者從被紳士和貴族階層緊密束縛好幾世紀的舊大陸來到美國，這些人總認為，人要滿足於上帝為你安置的地位。康維爾完全不認同這種看法，他指出，《聖經》把晉升和成功視為是人生值得擁有的動章。

10 成功祕訣

不要滿足於卑微的命運，晉升和成功是你我人生值得擁有的動章。

在他面前的這位女性，老實告訴康維爾，是她自己做了那頂看起來很貴的帽子！於是所有的疑惑都消失了，他還立刻看出她可以怎樣改善自己的生活，因為一個可以為自己做漂亮帽子的女性，也可以為其他人做帽子，所以他建議：「你就把女帽當作事業吧。」

「哦，要是我可以就好了！」她大叫，「但我懂得不夠多。」

「那就到天普大學上女帽的課程。」他回答說。

她甚至不曾聽過這類課程，但當他繼續說明她該怎麼一邊上課，一邊繼續她現在的工作，直到課程結束。她真的非常高興——一切都是如此出乎意料，開啟了一條嶄新且更寬廣的人生道路。

「她是個很少見的女性，」康維爾博士下結論道，「很投入且毫不疲倦的同時兼顧學業與工作。現在她畢業了，之後前往一個適合她發展的偏僻城市，在那裡開了一家女帽公司，她的名字就印在門上，而且變得很有錢。那是幾年前的事，最近我收到一封她寫來的信，告訴我說，去年她賺了三千六百美元的淨收益！」

有一個擁有顯赫地位的人曾對康維爾說：「實在很難用溫和的語氣訴說自己已經達到的成就。」

這句話正表達了重點——為何康維爾演說時會想要不斷運用英語的最高級，因為只有最高級才適合！

當然他已經成功了，從佈滿岩石的山丘農場崛起，完成了許多大事，他同時激勵了許多有志者也一起邁向成功之道！

康維爾不只是個夢想家，也是一個**能看到遠景**的預言家，他的預言紛紛實現。從前，當康維爾博士談起大學的時候，突然描繪起他夢想中的學校藍圖，未來可以遍布美國各州：「全都都收取微薄的學費，每種課程皆以小時進行，以便適合各種工作型態的男女進修，我很想要看到美國提供充分的高等教育機會，給為了生活而工作的每個人。」

發現一個年過七十的人還有夢想要改變世界，實在是很驚人。而我心想，要是瑪土撒拉（Methuselah，《聖經》中最長壽的人）的個性像康維爾一樣，世界將能夠達到什麼樣的境界？亦或者，要是康維爾可以像瑪土撒拉一樣長壽，世界將會發生怎樣的奇觀？

他這一生都是個偉大的旅行家，也是個能清楚看見、生動描述的人。但他不管去任何地方旅遊，寫來的信依舊與家鄉事務有關，他始終關心自己在家鄉的工作，不會因為到了遠方就拋開一切。

例如他曾從耶路撒冷（Jerusalem）寫來一封信，信裡說：「我現在在耶路撒冷！這裡是客西馬尼園、耶穌基督的墳墓……」才讀到這裡，任何人、特別是個牧師，一定會說些自己有關此地的聯想、印象，但康維爾接下來寫的卻是：「我要特別為了天普大學禱告。」

他一直都是那個與眾不同的人！

應社會需要而生的大醫院

不只是重建教會、建立大學，康維爾還創辦了一所醫院。

透過牧養工作，他愈來愈了解城市的需要，城市當中有大量生病、痛苦萬分的人，因為現有的醫院無法照顧所有的病人，有太多生病和受苦的人需要治療，有許多死亡是可以避免的，於是他才決定要再創辦一所醫院。

但就像他所做的每件事一樣，事情一開始的規模都很小、無法引人注目，而許多人都要等自己能夠搞出規模夠大的開始才要起步。很有可能，這些人從來都沒辦法有一個期望中的開始，導致最後一事無成。

所以請注意康維爾的做法，**他的夢想偉大，但卻總是準備好就立刻開始，即使這個開始在他人眼中是多麼的微不足道。**

現在規模很大的撒瑪利亞人醫院（Samaritan Hospital）是怎麼來的呢？一八九一年，在兩間租來的房間，有一位護士負責照顧一位病人，就是這所大醫院極為簡陋的開始。整整有一年的時間，這間醫院只有一整棟房子，塞滿了病房和手術室。現在它擁有了好幾棟建築，而且還規劃了偉大的新結構體，現在擁有一百七十張病床，並配備了所有最新的醫療器具，以及陣容龐大的內科醫生，另外，在這所醫院進行外科手術的數量也很驚人。

撒瑪利亞人醫院對任何種族或信仰的病人開放，而且從不拒絕窮人進入，醫院的規則是：無法支付醫藥費的人接受治療是免費的，但是能夠負擔醫藥費的人就得根據不同的治療方式付費。

這所醫院還有個很好的特色，就是不只平常週間的白天時間，每週有一天晚上、以及每週日的下午都開放家屬探病。「因為如果不這樣設計的話，很多人就會無法來探望住院的親屬，他們無法從工作中抽身。」康維爾說。

大約在八年前，他接管了另一家醫院——加勒森（Garretson），這家醫院並不是康維爾創辦的，是透過收購而來，讓這間醫院的效益大為增加。

撒瑪利亞人和加勒森醫院都是天普大學的一部分。從創辦以來到一九一五年中，撒瑪利亞人醫院已經治療過將近三萬位住院病人。至於加勒森醫院，它執業的時間較短，則治療過將近六千位住院病人。除了住院的病人以外，還包括門診的病例，這兩家醫院加在一起，已經治療了超過四十萬個病人。

康維爾能夠在他的時代呼應社會上如此多樣的需求，本身就是個奇蹟。他是大教會的主任牧師，是大學的校長，也是醫院的院長，是一切和他有關事物的帶領者！而且不只在名義上，就連在積極的程度上，康維爾也是個領頭羊！

無與倫比的超高效率

康維爾身邊有幾位強大且有效率的幕僚，與他長期合作，這群人了解其想法和理念，會為他奉獻、盡最大力量幫他解圍。儘管有這樣的團隊協力運作事業體，但康維爾本身的能力無人能及，他可以注意到非常錯綜複雜的細節，解答數不清的個人問題和疑問，徹底將時間系統化、有效利用每一分鐘，讓機構用有效率的方式持續前進。所以曾和他共事過的人，都仍會衷心向他尋求建議和指示，而他從來不會因為行程太過忙碌，就無法和真心想求教的人見上一面。康維爾除了擁有私人祕書，還有好幾個祕書負責特定的工作。他常會在搭火車通勤時向某位祕書口述工作，就連回波克郡度假的少數幾天裡，工作也如影隨形。人們常會震驚，他身兼多樣職業，得在星期日準備兩場講道和兩場演講，竟然還有時間通勤到全國演講，唯有具備無限力量、最大耐力的超人，才可能辦到。以下是他慣常的星期日行程安排：

在家的時候，約七點起床、接著進修、吃早餐至八點半。之後他會一直進修到九點四十五分，然後帶領男性會議，在會議裡彈奏管風琴和領唱。十點半是最重要的教堂禮拜，他會在禮拜中講道，禮拜結束後和上百位會友握手。中餐約在下午一點，餐後他會花十五分鐘休息、接著閱讀。

下午三點的時候他會在另一場講道中發表演說，然後在主日學的固定時間順道巡視。等他回到家時，會再進修和閱讀，直到晚餐時間。七點半是晚上的禮拜，他會再次到教堂講道，在禮拜結束之後和數百位會友握手，然後在他的書房中和任何有需要的人交談，最後在十點半回到家。

我說那是個辛苦的一天，而他則帶著興高采烈的古怪笑容回答我：「三場講道、和九百個人握手。」

每次晚上禮拜結束時，他對會友說：「我會在這裡待一小時。我們總是在禮拜結束之後一起度過一段愉快的時間，如果你們認識我，就來和我握手；如果你們沒見過我——就來跟我認識一下、建立持續到永遠的友誼。」

他說得多麼簡單且輕鬆，用清楚、低沉的聲音，讓人印象深刻。他說這句話的方式當中帶有一種安詳的感覺，會讓沒見過他的人覺得，除了跟他們談天之外，他沒什麼別的事情可以做。就連大多數他教會裡的會友，也不知道他是個多麼忙碌的人、他的時間有多寶貴。

去年六月的某個晚上，他從一趟長達兩百英里的旅程中回來，在六點回到家，吃完晚餐、稍作休息之後，去參加教會的禱告會，他依舊用慣常的有力方式，除了禱告和講道之外、還彈奏管風琴及領唱。禱告會結束之後，他接連參加了兩場和學年結束有關的重要餐會，而且在那兩場餐會上講道。在第二場餐會上，有人通知他有會友突然生病了，於是他立刻趕到那人家中、又再趕到病人被送去的醫院裡，他一直待在病人身邊、或和醫生商討病情，直到凌晨一點。隔天早上他還是七點起床、再去上班。

康維爾常說：「我做的這件事——」意思是不論他做任何事，都會讓自己心無旁騖、直到把事情完成，即使他早已做了一千件事，或者是眼前還有一千件事正等待處理，但在這一刻，他永遠好像只有一件事要做似的保持專注、全力以赴，這就是他之所以能保有超高效率的祕訣。

11 成功祕訣

不論是已做了一千件事，或是眼前還有一千件事正等待處理，但在做一件事的那一刻，要好像只有一件事要做的專注、全力以赴，以保有超高效率。

像一塊堅毅的岩石

康維爾博士很喜歡鄉下，特別是孩提時的鄉下。他喜歡輕拂過山丘的風、從高處往下看的廣闊延伸的景觀、以及在隱蔽角落裡的森林；他喜歡潺潺的溪流、在僻靜之地安歇的野花、或是某些山上的草地，提供了令人愉悅的意外色彩；他喜歡泥土的不同觸感，也喜歡巨大而袒露的岩石。

有時候他會寫詩，曾為幾首古老的曲調寫過幾行詩，剛好看到這幾行詩句讓我很感興趣，他曾用波克郡來描繪天堂：

廣為綿延的山谷染著如此不褪的顏色，
谷中的樹木全都不朽、花朵也永遠盛開。

這就是他眼中的天堂，不是金色的路面和象牙建成的皇宮，而是山谷、樹木、花朵、以及廣闊綿延的荒原。

他最喜歡的休閒娛樂之一是去採黑莓，不管是獨自去採還是和朋友一起，都是個絕佳的時機，讓他可以同時在心中規劃某些想做的事情、或是產生講道的靈感。釣魚這活動甚至更好，因為不僅娛樂性十足，還有足夠的安靜時間可以思考工作上的事情，在心中作進一步規劃。

當他還是小男孩的時候，曾希望能在流經家附近的鮭魚溪流上建一座水壩，半個世紀以後，他實現了這個願望！而現在他擁有一座四分之三英里長、二分之一英里寬的大池塘，就在房子前面的一個斜坡上，裡面養滿了梭魚。他很喜歡在這座池塘上安靜走動、思考或釣魚，或是兩者並行。而且在這裡，他向我示範過在陽光底下該怎麼抓梭魚！

他也是個擅長釣鮭魚的人，因為餵養這座池塘的是一條鮭魚溪流，並會從此處沖刷、穿過野外，長達好幾英里遠，緊挨著他住的地方。一群有錢人買下了這條鮭魚溪流、成立釣魚俱樂部，他們也帶著豐厚的報酬來找他，但是他拒絕了，原因是：「我還記得小男孩時的我曾有過的快樂時光，在溪裡四處釣魚，無法想像現在的男孩們不能再享有這樣的快樂。我不會賣掉這座池塘，如此孩子們就還是能來這裡釣鮭魚。」

有一天他走在這條溪邊時，突然對我說：「你有沒有注意過，每條溪都有它自己的歌？我在任何溪流邊都可以聽出屬於它的歌。」

他很喜愛自己的家鄉，因為它很堅毅！他自己也是如此堅毅、強壯、有耐力，那是孕育了他的家鄉山丘所擁有的力量，對他有著潛移默化的影響。

在康維爾的身上，總能看出某種屬於山丘的堅毅、真誠、簡樸，這是他的內在性格，也彰顯於外在。人們總是能意識到這個人的力量，透過他堅毅的外表、低沉的聲音，當他站在演講臺、講道壇上或是進行私下對談，他生動的熱情總是能夠讓人深深受感染。

康維爾體格壯碩，擁有結實的骨架、身材高大，他擁有寬闊的肩膀和強健的雙手，頭髮是深栗褐色的，但第一眼看起來會像黑色。在他剛成年時，是一位外表出色的青年，但是長年的焦慮和繁重的工作、以及數年持續的長途奔波、加上身體的病痛，讓他的臉上出現了悲傷的線條。現在他已經七十歲了，一說話時那悲傷的線條會立刻消失，滿是風霜的臉會被一雙炯炯有神的眼睛照亮。

他是個孤獨的人，早年的妻子在他成功之前就去世了，他為此感到很悲傷，因為她忠心的陪他度過一段相當艱難且窮困的日子。後來他再婚了，第二任妻子依舊長年扮演他忠誠的伴侶。

他們曾經度過一段壓力特別大的時期，一筆六萬五千元的待付公款眼看就要壓垮天普學院，當時學校才剛站穩腳步。早期他為了承擔天普教會和天普學院，曾賣掉或抵押自己的財產，籌到能力所及的一筆錢，以減輕這些機構的債務；就在這段時期，妻子一直無怨無悔的陪在他身邊，支持他所有的奉獻行為，不擔憂全家可能因他遭遇意外而落到身無分文的窘境。

幾年之後，第二任妻子也去世了，他的子女已經長大、結婚，成立了自己的家庭，他又變成了一個孤獨的人。但他並不覺得難過，因為繁重的工作帶來許多需求，讓他沒什麼時間可以悲傷或回顧。有時候他會意識到自己愈來愈老，朋友和夥伴們都已經過世，留下他這個老人和年輕的朋友在一起。但這樣的意識只會激發他更強烈的熱情、更努力工作，因為他知道當黑夜一到，工作就必須停止下來了。

儘管他是個對宗教相當虔誠的人，卻不會在日常對話中對不信神的人強推信仰。對他來說，除了要談論自然、恰當、必要的事情之外，重要的是帶著信仰與信念的行動、好好的工作。不論是對個人或是上千人演講，他的演說都相當有效。

無論是在臺上或臺下，他都很簡單、親切，有人性且不做作。如果他碰巧看到會友裡有某個人是他想說話的對象，可能會利用詩班還在唱歌時就走下講道壇，悄悄說幾句話再走回來。

在他擔任牧師的初期，如果聽說有窮困的家庭急需食物，他就會募集一籃補給品、親自送去那個家庭，看有沒有其他需要幫忙的地方。

隨著他愈來愈有名，就停止了這樣直接且公開的行善方式，因為這樣容易被解讀是刻意的行為。但是，他從來**不曾停止行善**，而且總是在知道有人需要幫助的那一刻就馬上行動，因此他會盡量避免行政上的推遲和冗長的調查。他暗中進行慈善的範圍是非常驚人的，我從來不曾聽過有朋友批評過他——除了對他捐了太大一筆款項而頗有微詞。

隨著逐漸了解他，我愈來愈覺得他擁有類似促成紐約市發展成功的領導者特質，我曾對他提起過這點觀察，他立刻回答說自己曾見過「大提姆」（Big Tim），那位長時間帶領過沙利文（Sullivans）家族的領導者，並曾在家中招待過他。

大提姆曾到過費城，幫助某個陷入困境的親信，並尋求康維爾博士的幫助。康維爾看出這位坦慕尼協會（Tammany）領導者最驚人的特色，他的評價是：「大提姆．沙利文實在太好心了！」這是一般人所看不出來的。

除了大提姆對仇敵的作為，康維爾也很欣賞這個人在政治上的無所顧忌，而他也看出是什麼造就了此人潛藏的驚人力量：他的好心腸。康維爾跟此人有很多類似的地方，這些大師身上常有許多共通之處，例如沙利文跟康維爾一樣，都擁有對於人們臉孔和名字的超強記憶。

羅素・康維爾以身為一個好公民為榮，但他從來不曾說起驕傲純正的美國腔，很少談及所謂的愛國主義。他堅持且默默的把一面美國國旗放在教會的顯眼處，家裡也有一面國旗。在他位於波克郡的住處、以及一座高聳的塔臺上，都有一面美麗的美國國旗！當他還是小男孩的時候，那個塔臺上曾經聳立著一棵巨大的樹，樹頂有個老鷹的巢，這就是他為自己家命名的由來——他把自己的家稱為「鷹巢」。

有人說他小時候曾爬上那大樹的頂端，冒著摔落的風險，把鳥巢固定在樹冠上。我問他這個故事是不是真的？他回答說：「哦，我有聽過這故事，有人說看到我爬到高高的樹上救小鳥，但是我自己一點也不記得這事。」

康維爾的決心總是令周遭的人印象深刻，他會堅持去做他真的很想要做的任何事，儘管受到極大的反對，也不會放棄。而且他不只從來不會放棄，一旦他決定一件事，就不會忘記。有時候，大家都以為他完全忘記了那件事，卻突然發現他已經完成了最初的目標，就像波克郡的那個梭魚池塘，他整整等了半世紀！

只要他真的下了決定，無論事情是大是小，**任何批評都不會擾亂他的平靜。**例如幾年前，他開始戴著一顆很大的鑽石出現在大家面前，那顆鑽石太引人注目了，因此招來許多尖酸的批評。他從來不為自己辯護，只是繼續戴著那顆鑽石。然而，幾年之後的某一天，他把那顆鑽石拿下來了。人們的解讀是：「他終於把批評聽進去了！」但當他說起這件事時，是緬懷的笑著說：「我的會友裡有一位受敬重的老執事，堅持要送給我那顆鑽石，我沒有拒絕接受，以免傷他的心。戴著這樣一顆耀眼的大鑽石在眾人面前出現，真的會讓人很困擾，但是我不想讓他覺得我不喜歡這份禮物，於是就繼續戴著，直到老執事去世，我才停止戴它。」

羅素・康維爾的目標是要繼續工作、一直工作，直到人生的最後一刻。在工作中他會忘記這一生的傷痛、孤獨、與垂垂老矣的年紀，有一天他這樣親口對我預言——「我會在工作中死去。」

關於這場非凡的演講

羅素・康維爾一生中，最非凡的事跡就是「有錢人才知道，財富就在家裡面」的演講。這個演講充滿了能量與熱情、閃爍著希望、滿載著力量，代表了每個人成功的可能性。他已經講述這個演講超過五千次，而且大眾對這演講的需求從未減少、成功的案例也沒有變少過。

年少時他曾有一段不堪回首的回憶，那是在耶魯的日子，因為沒錢可以念耶魯，為了要賺更多錢，他只好忍受打工時的各種羞辱。對他來說最難過的並不是因為工作本身很辛苦、很困難、賺的錢很少，因為他一向對辛苦的工作有心理準備，也覺得**困難只是有待克服**，常能用愉快的心情面對物質匱乏。最大的痛苦是來自於他所遭遇的人格羞辱，即使過了半世紀後都還歷歷在目，然而也是因為那些羞辱，才讓他日後創造出令人驚艷的成果。

「我下定決心，」他說道，「無論可以做些什麼，只要能讓其他半工半讀的年輕人日子過得輕鬆一些，我就會去做。」

於是，許多年前，他開始將由「有錢人才知道，財富就在家裡面」演講賺來的每一分錢奉獻到這個用途。他有一份補助名單，主要是由大學校長提供的，因為他們最清楚知道自己大學裡有哪些貧困的學生需要援手。

「每天晚上，」他說道，「當我的演講結束、支票交到手上時，我會在飯店裡的房間坐下，從收入裡減去我這場演講的實際花費，餘款會再開另一張支票，寄給名單上的某位年輕人。寄支票的同時，我會附上一封寫有忠告的信，表達我希望那張支票能對他有所幫助，並請他不要因此覺得欠了我一筆錢，人唯一虧欠的只有上帝，希望在我之後會出現比我做更多好事的人，但願他們不會覺得我太愛說教了——」他補充說：「我的目的只是想讓他們知道，這世上有個朋友想要幫助他們。」

在他說話的同時，臉龐也跟著發亮。「這真是太讓人著迷了！」他大聲說，「等我寄出那封信、從名單上打叉劃掉某個名字，然後就會瞄準下一個名字！」

「我並不想提供任何年輕人所有的費用，我只是希望讓他免於受過度貧窮的苦，還有最重要的是，我不希望他們依賴我！」他會清楚在信中表示，不希望得到回報或是任何報告，他不希望學生花時間做這種個人回饋的事。當我表示，這肯定是個把麵包撒在水面、無法獲得回報的例子，他沉默了一會兒，然後深思熟慮的說：「隨著年紀漸長，當你在做某件事的時候就會感到滿足，單單只因為做了這件事，付出努力的本身就是回報，而不是因為得到了什麼具體的成果。」

12 成功祕訣

有時候，付出努力的本身就是回報，而不是因為實際得到了什麼具體的成果。

最近一次穿越明尼蘇達州（Minnesota）的旅行中，他感到非常不適，他的祕書告訴我，康維爾先生在火車上被一個曾經因「有錢人才知道，財富就在家裡面」演講而受到幫助的年輕人認出來，當那人發現這真的是康維爾博士時，就急切的帶著他的妻子一起過來，用最熱誠的態度向康維爾致謝。

先生和太太兩人的情緒都很激動，因此康維爾也覺得很激動。

康維爾設計這場演講的目的，是要「幫助每個人，不論是什麼性別，只要他擁有高度決心，就可以維持一個有用且有尊榮的生涯」，那是一場對一般人很有助益的演講，再加上康維爾的聲音、表情和態度之後，就會變成一場充滿吸引力的演講！

他會改變演講的內容，好配合上千個不同演講場地的民情，但基調會是一樣的。他的聽眾回流率極大，有人一次又一次的去聽他演講，他認識已經聽過這場演講高達二十次的人們，這些忠實聽眾依舊能夠聽得津津有味。

這個演講會從一位年邁的阿拉伯導遊，在遊覽的路上告訴康維爾的故事開始，當聽眾聆聽時，會有種如臨現場的感覺，不只是聲音，彷彿也會看到沙漠裡的沙、還有揮動的手勢，讓現場的聽眾被某種咒語迷住，急切的想要聽下去、跟著陷入快樂或是肅穆的氣氛。他擁有掌控的能力，那是成為演說者的必要特質。

同樣的人會一再來聽這場演講，這正是康維爾最喜歡的一種回饋。他最近在自己的教會裡發表這場演講，有很大一群聽眾聚集，在大禮堂裡幾乎找不到空位。而且，儘管那是在他的教會裡，卻不是免費的，每位聽眾都得付出合理的金錢買票。入場費永遠都是最實際的測試，可判斷聽眾是否真心渴望來聽這場演講。

在那個特別的晚上，他決定要用跟第一次講「有錢人才知道，財富就在家裡面」時一模一樣，以一樣的形式、講述同樣的內容，不因時間和地點的不同而改變，當他演講時，觀眾如往常一般笑得東倒西歪，證明他的寶刀未老，講述的方式就像是許多年前一樣，但在每個瞬間，他都能想出更趨近於當代的例證，例如汽車！在那場「復古」演說中，他必須極力壓抑自己更新內容的衝動。

上次我聽他演講，是這場演說的第五千一百二十四次。我注意到他打算在一個偏遠的小地方演講，應該很難有許多聽眾到場，但我實在很想知道有多少聽眾會出現，以及這些人的反應又是如何，於是我就悄悄過去了，大約相隔有幾英里遠，馬路很暗，我想像來的會是一小群聽眾，但是抵達的時候卻發現那個教堂中可容納八百三十人的座位，那時已經全坐滿了，還有外圍的其他人站在後面，許多人是從數英里遠的地方特地趕來的。

那場演講根本就沒有打廣告，靠的是口耳相傳，人們會彼此詢問說：「你不去聽康維爾博士演講嗎？」而且這段話就這樣一路被傳誦下去。

在整場演講當中，聽眾們很激烈的反應、衷心的感到滿足。而且他們不只很歡樂、興致高昂，我還知道每位聽眾都產生了一種衝動，要去為他自己、為其他人做些事情，而且我想他們當中有一些人，會將這衝動付諸實現。

康維爾是個無私的人，像他這樣長達好幾年演講，即使身體正承受痛苦，也沒有將他的演講長度減短，他不會只講一小時或勉強的再講一個半小時，當他看到人們著迷且受到激勵的眼神時，他就會忘記痛苦、忽略時間、慷慨的繼續講兩小時，而聽眾們都希望他能講個四小時！

有許多人因為這場演講的啟發而成功，有一個例子是康維爾博士親自告訴我的：有一個農家男孩走了很遠的路來聽他演講，在回家的路上，那位男孩（現在已經是個男人了），想了又想，到底能做什麼來提升自己？在他到家之前，發現某間鄉下的學校正在徵求老師。

他知道自己懂得不夠多、無法教書，但很確定他可以進修、學習，於是就勇敢的去應徵那個職位。因為他充滿了熱誠，所以校方給了他一個暫時性的職位。男孩很珍惜這機會，相當認真且專心的工作，並且持續進修，因此在幾個月之內，他就獲得了那間學校的固定聘用。男孩寫信給康維爾，告訴他這個結果──「而現在，」康維爾突然轉換了一種語氣說，「現在那位年輕人已經是我們的其中一位大學校長了。」

就在最近，有位女士跑去找康維爾博士，她的老公地位顯赫、薪水優渥，但丈夫因為相當無私、慷慨、樂於奉獻，以至於他們常常差點面臨經濟困境。他們買了一座小農場當作一個鄉下的度假地，只付了幾百美元，有一天，她聽完「有錢人才知道，財富就在家裡面」的演講之後，還對自己開玩笑說：「但我家並沒有產鑽石！」然而她在農場裡找到一處擁有極佳水質的泉水，在買下農場時，並不知道這泉水的事。聽完演講她深受激勵，於是把泉水送去專業機構分析，發現水質非比尋常的純淨。於是她開始汲取泉水、裝瓶，以特殊泉水的商品名稱販售。她已經在賺錢了，而且還多了一樣新產品，販賣在冬季時候切下、出自水池的純淨冰塊，一切都是因為那場「有錢人才知道，財富就在家裡面」！

隨著這演講的推廣，羅素・康維爾已經收到了數百萬美元的報酬，而且，他不是為了自己賺錢，而是把錢用在對他人的救助上。比起捐錢所能完成的，還有更多的義行，是他透過演講所提供的激勵所達成的。

去年，也就是一九一四年，他獲得了一個獨特的表揚，因為他的朋友知道，「有錢人才知道，財富就在家裡面」的演講即將達到第五千場，因此他們計畫了一場慶祝會，慶祝在歷史上最受歡迎的一場演講，康維爾博士也同意在費城的音樂學院（Academy of Music）演講，當天這棟建築擠滿了人，外面的街道也到處是人群。第五千場演講從各種管道獲得的收入進帳超過九千美元。

許多人都愛戴他、尊敬他，不只是他的親友、會友、努力前來聽講的人、負責這場慶祝會的委員會委員，他也是一個全國性委員會裡的知名人士，在他所居住的賓州，州長親自出席表揚羅素·康維爾，並授與他一面象徵美國自由（Freedom of the State）的徽章。

沒錯，這個人已經超過七十歲了，竟然獲得這樣的殊榮——一枚象徵美國自由、國家自由的勳章。因為這是個充滿希望、倡導成功福音的人，他一生相當努力的為了個人的自由、解放、進步而奮戰。

演講臺上的五十年

「這場演講受歡迎的祕訣是什麼？」關於這個問題，我永遠無法對自己或其他人解釋。我只知道，永遠都要在每場演講上保持熱情，運用每一個可以行善的特殊機會，而我也讓自己對每個社群感興趣，並利用當地熟悉的例證來闡述那一體適用的理念。

——羅素・康維爾

★★★

一部自傳！這真是個荒唐的要求！就算內容是可信的，我的生活故事也絕不可能會有趣，很難相信有人會想閱讀這麼簡單且平淡的故事。

我沒有能夠自誇的地方，也不太可能對人會有所幫助，我從來不曾刻意蒐集任何可以參考的作品，例如一本書、一篇講道、報紙佈告或雜誌文章、某位高尚的朋友偶爾寫下有關我的故事……，儘管有一些資料可能在我的書房裡。我曾經覺得撰寫我生平的作家都太寬大了，而我的工作又太草率，所以除了我這顆負載過多的腦袋可以想到的往事外，沒有什麼可以用來撰寫自傳的。

我在演講臺上待了半世紀，帶給我許多寶貴且美麗的回憶，感謝上帝給予我超乎所求的祝福與慈愛。這麼多超乎預期的成功來到我手中，這麼多美好、完全超出任何年輕人最狂野夢想的事物成真了，而我卻只付出最微薄的努力就完成了這麼多超出計畫的成果——在我如實寫下的傳記中，最主要的內容將是描述人們有多麼的支持我。

我已經活到了這個年紀，可以看到自己的成就超越了最高志向所能創造的成果，我的事業像是被一千雙強壯的手推動、簇擁前進，甚至把我遠遠拋在後頭——現實對我來說就像夢一樣美妙！

祝福那些充滿愛心與高尚人格的心靈，他們一直很願意為了其他人而犧牲，**只想到自己可以做什麼，而不是應該得到什麼！**他們當中有許多人已經踏上了寶藏之地，而在這裡，我獨自在年老中凝視——

唯有等到陰影，
才會有更長的成長。

五十年！當我第一次站上講臺演講時，還是個年輕人、還未成年。一八六一至一八六五年的南北戰爭，帶著所有的熱情、愛國精神與恐懼步步逼近，當時的我正在耶魯大學念法律。

從小，我就覺得自己「被召喚要從軍」。我記得最早的是我父親在家庭中禱告，在波克郡罕布夏高地（Hampshire highlands）上那間破舊的小屋裡。當時他用一種啜泣的聲音呼叫主的名字，帶領我進入一些為主所做的特別奉獻。那次禱告讓我充滿敬畏、恐懼，讓我畏縮不前，直到決心要用自己全部的力量去對抗它。因此，後來我寧願具備其他專業、去做任何事情，就是不要當牧師。

儘管我在學校上演說課之前會覺得很緊張、膽怯，害怕面對聽眾，但還是在自己的靈魂裡感覺到一種對於公開演說的奇怪衝動，讓我感到很痛苦，長達好幾年。戰爭和招募士兵的公開會議為我壓抑的感受找到了出口，我的第一場演講是講述「歷史的教訓（Lessons of History）」，可以應用在對抗南方邦聯的戰役上。

約翰・高夫是位無比溫暖的演說者，也是我摯愛的朋友，在一八六二年將我介紹給麻州威斯費爾德（Westfield）的一群小觀眾。那一定是場極為愚蠢的小學生演講！但高夫先生毫不吝嗇的讚美，現場觀眾的鮮花和掌聲，讓我感覺到公開演說並不如想像中困難。

從那時候起，我就照著高夫先生的建議去做，接受所接到的每一場演講邀請、不論是什麼主題，盡可能多練習。其中有許多傷心的失敗與眼淚，但我慢慢向牧師這職業妥協，這讓我的朋友很高興。

我曾經在野餐上、主日學、愛國會議、葬禮、週年紀念日、畢業典禮、辯論會、鬥牛秀及婦女縫紉小組中發表過演說，沒有特別偏愛的主題，也不收費，最初五年的收入就是所累積的經驗。後來，我有時會收到瑞士刀、火腿、書籍等禮物，第一次收到現金報酬是來自一家農夫俱樂部，因為租馬的主題而獲得七十五分錢。奇妙的是，一八七二年時，那個俱樂部的一位成員之後竟搬到鹽湖城（Salt Lake City），還成為摩門大禮拜堂（Mormon Tabernacle）委員會的一員，當我還是個記者，正在環遊世界，那個委員會聘請我到摩門大禮拜堂去講述「山上的人」，報酬是五百美元。

在最初幾年練習演講時，我曾擔任士兵、記者、律師、編輯或牧師，讓我有薪水能夠支付自己的花費，在那十五年間，我很少為了自己的收益而收取費用。而在最後的三十六年，我鄭重將所有的演說收入奉獻給慈善事業。若我可以出自傳，描述自己好幾年間每年都發表「有錢人才知道，財富就在家裡面」演講超過兩百次，每場演講的平均收入大約是一百五十美元，還能避免被人批評這些自述實在太自大，那我想我的年紀真的已經夠老啦！

身為一名演講者，我對能碰上詹姆斯‧雷德帕斯先生（Mr. James Redpath）組織了史上第一個系列演講局感到非常幸運。他是記述廢奴主義者約翰‧布朗在著名的哈珀斯費里（Harper's Ferry，因一八五九年約翰‧布朗領導奪取軍火庫的暴動而聞名）事跡的傳記作者。由於布朗先生跟我父親是老朋友，即使只是學生，我卻能利用假日販賣約翰‧布朗的傳記來賺錢；我與雷德帕斯先生的交情維繫了一輩子。至於查爾斯‧泰勒將軍（General Charles H. Taylor），他曾僱用過我一段時間，在《波士頓旅遊日報》（*Boston Daily Traveler*）擔任記者。每當回想起這些充滿自我犧牲精神的友情，總是能夠柔軟我的靈魂、讓我充滿感激，當泰勒將軍把我推薦給雷德帕斯先生說，在這個「耀眼光芒未必保險」的城市裡，我能夠「填滿小城裡的空虛」，那可真是莫大的仁慈。

雷德帕斯提出的演講者原始名單真是明星薈萃，有亨利・沃德・比徹（Henry Ward Beecher）、約翰・高夫、查爾斯・薩姆納參議員（Senator Charles Sumner）、西奧多・帝爾頓（Theodore Tilton）、溫德爾・菲利普斯、瑪麗・利弗莫爾夫人（Mrs. Mary A. Livermore）、貝亞德・泰勒、拉爾夫・沃爾多・愛默生，還有許多當代優秀的傳道者、音樂家和作家。甚至賀姆斯博士（Dr. Holmes）、約翰・惠帝埃（John Whittier）、亨利・朗費羅（Henry W. Longfellow）、約翰・路斯洛普・莫特利（John Lothrop Motley）喬治・威廉・柯蒂斯（George William Curtis）、以及伯恩賽德將軍（General Burnside），都被請來出席一至兩次以上——他們都拒絕收取任何費用。

我實在無法忘記自己有多羞愧，當我的名字也跟那些偉大的名字並列在名單裡，我想每個認識的人都在背後嘲笑我的好運吧。然而，貝亞德・泰勒先生在《論壇報》（*Tribune*）的辦公室寫了一封仁慈的紙條給我，說他很高興看到我「走在通往偉大價值之路上」；麻州州長克拉夫林（Clafflin）則花時間寄給我一封恭喜函。班傑明・巴特勒將軍（General Benjamin F. Butler）則建議我務必「堅持到最後」，一定要當個好律師。

演講工作是一種任務、是一種責任，我很確定自己並沒有努力要當個表演者，要不是為了必須在演講上傳講某些福音事實、並符合「上帝召喚」的感覺，我應該會變成一個很失敗的人。當我在一八七九年當上牧師時，已經是美國與英國的演講臺上的常客，所以找不到任何理由能拋棄這麼有價值的領域。

或許所有成功的演講經驗幾乎都一樣，一路上並不總是很平順，但是難走的路、差勁的旅館、誤點的火車、冰冷的禮堂、炎熱的教會禮堂、濫好人般的接待委員會，以及斷斷續續的睡眠時間……，都是很快就忘記的煩惱。而機智的主持人、感謝的訊息及給予年輕大學生的資助，卻成為我日常的喜樂，上帝會保佑他們所有人！

我常會被問到，在這五十年的旅行當中，經歷過各種交通方式，是否遇過任何的意外？的確，我竟然沒有發生這類的事故傷害，真是個奇蹟！有超過二十七年的時間，我大概每三天就要進行兩場演講，但我卻沒有錯過任何一次會面。有時候，我的確得雇用一臺專車。我大都能準時到達會場所在的城鎮，只有少數幾次例外，但其實只遲到幾分鐘。

有時候我會看到火車或輪船的意外，在我抵達前或離開後才發生，似乎這幾年間我總是受到某種神祕的保護而不受傷害。例如在約翰斯敦（Johnstown）的洪水區，我曾看到一座橋在我們火車的後方出軌；我曾經在大西洋上搭過一艘破舊的蒸汽船，航程長達二十六天；還有一次我離開某個臥鋪列車的兩個小時後，有人在那個地方遭到殺害。我常常會感覺到火車脫軌，但卻沒有人喪生；搶匪也曾經好幾次威脅過我的性命，但是最後總是逢凶化吉，沒有損傷……，可見，上帝和人們一樣，一直都對我很有耐性！

然而這段我個人的演講生涯畢竟是次要的。這麼多年來，在費城的天普大學和教會，當會友還不到三千人的時候，卻每年奉獻超過六萬美元的金額做好事，宣揚人道主義，這到目前為止仍是一個現在進行式的驚奇。撒瑪利亞人醫院有驚人的成長、加勒森醫院一直持續不斷的照料病人和窮人，並採用高超的技術每年治療成千上萬的病人，這些善行都讓我很高興。

當我出門演講的時候，我能感覺到這些機構的工作者正兢兢業業、每分每秒地在做好事，才剛創立二十七年的天普大學，已經讓將近十萬位無法獲得教育機會的男女創造出更高的收入、更優質的生活，現在學校裡已經有兩百五十三位教授，與教職員共同努力進行奉獻工作。關於這件事，我沒什麼可以居功的地方，而且我之所以在這裡提到大學，只是要顯示自己「演講臺上的五十年」，在這範圍廣大的奉獻事業中，其實只是次要的、枝節的小事。

我最知名的「有錢人才知道，財富就在家裡面」演講，其實只是一場偶然的演說，一開始是在我的老朋友聚會上，對麻州第四十六軍團（Forty-sixth Massachusetts Regiment）演講，他們曾在南北戰爭中服役，當時我擔任的位階是隊長。我並沒有想過要再發表一次演說，但在那之後，就開始接到演講委員會的邀請，繼續演說，到現在幾乎已經講了五千場。

「這場演講受歡迎的祕訣是什麼？」關於這個問題，我永遠無法對自己或其他人解釋。我只知道，每場演講上**永遠要保持熱情**，**運用每一個可以行善的特殊機會**，而我也讓自己對每個社群感興趣，並利用當地熟悉的例證來闡述那一體適用的理念。

按照自然的法則，現在握著這隻筆的手，很快就會停止在講臺上作手勢。這是我真摯、虔誠的希望，但願這本書能夠繼續流傳下去，為人類家庭中的弟兄姊妹帶來持續不斷的幫助。

——羅素・康維爾，寫於麻州南沃辛頓，一九一三年九月一日世界上再也不會有別的地方，比此時此刻，你所在的地方更充滿機會！

WEALTH& DREAM 10

WEALTH& DREAM 10